王爱华 主 编

郭万才 欧阳恩良 副主编

贵州省情教程（第6版）

清华大学出版社

北京

内 容 简 介

　　本书从贵州省情出发，阐述了政治、自然环境、历史、民族、人口、经济、教育、科技、文化等要素的源流、现状及其发展方向，不同于一般的省情史、省情资料汇编。本书博采众长、结构新颖、内容丰富、覆盖面广、数据翔实、可读性强，突出现实性、科学性和前瞻性，提供了准确认识贵州省情的基本理论和方法。本书是一本围绕当代大学生关心的热点、疑点和难点问题，热爱贵州、建设贵州和宣传贵州的著作。本书适合高校师生、党政机关、企事业单位干部及社会各界人士阅读。

图书在版编目（CIP）数据

　　贵州省情教程/王爱华主编. —6版. — 北京：清华大学出版社，2019（2023.8重印）
　　ISBN 978-7-302-53445-7

　　Ⅰ. ①贵…　Ⅱ. ①王…　Ⅲ. ①贵州省—概况—教材　Ⅳ. ①K927.3

　　中国版本图书馆 CIP 数据核字（2019）第 163004 号

责任编辑：杨如林
封面设计：常雪影
版式设计：方加青
责任校对：胡伟民
责任印制：宋　林

出版发行：清华大学出版社
　　　　　网　　　址：http://www.tup.com.cn，http://www.wqbook.com
　　　　　地　　　址：北京清华大学学研大厦 A 座　　　　　邮　　编：100084
　　　　　社 总 机：010-83470000　　　　　　　　　　　　邮　　购：010-62786544
　　　　　投稿与读者服务：010-62776969，c-service@tup.tsinghua.edu.cn
　　　　　质 量 反 馈：010-62772015，zhiliang@tup.tsinghua.edu.cn
印 装 者：山东临沂新华印刷物流集团有限责任公司
经　　销：全国新华书店
开　　本：185mm×230mm　　印　　张：12.25　　　字　　数：240 千字
版　　次：2007 年 8 月第 1 版　　2019 年 9 月第 6 版　　印　　次：2023 年 8 月第 12 次印刷
定　　价：28.90 元

产品编号：085196-01

目　录

绪　论

　　省情是一个省的自然、地理、政治、经济、文化、社会等方面历史现状和发展规律的综合反映，是一个多要素相互联系、相互作用、不断发展的动态系统。在贵州省高等学校开设贵州省情课程，就是要使贵州大学生在掌握专业知识的同时，全面了解贵州，认识贵州省情的本质特征，把握贵州经济社会的发展规律，激发大学生热爱贵州、建设贵州和宣传贵州的热情，为贵州经济社会发展作出新的贡献。

一、如何认识贵州省情

　　对贵州省情的认识，必须要有正确的观念，即以马克思主义的认识论作为指导；必须要用科学的方法，即各种分析与综合的方法；还必须要借助现代化的认识手段，比如地质勘探和大数据等技术。主要把握以下六个方面。

　　一是要用系统的、全面的观点认识贵州省情。省情是一个多要素相互联系，相互作用的综合反映。只有对贵州省情进行多学科、全方位的考察，才能认识省情各个要素的基本特点、相互关系以及这些关系发展变化的规律。实践证明，人们看问题的角度不同，得出的结果就不一样。"横看成岭侧成峰，远近高低各不同，不识庐山真面目，只缘身在此山中"。看问题的角度不一样，看到的结果就不一样，横着看是"岭"，侧着看是"峰"，只有把横着看到的和侧着看到的综合起来，才能看清"庐山真面目"，才能对贵州省情有全面的认识和准确的把握。

　　二是要用发展的观点认识贵州省情。任何事物都是不断发展的，贵州省情也是一个不断发展的动态系统。一个省的地理区位是相对静止的，但经济和社会却是在不断发展的，省情的作用在不同时期也在不断发生变化。如抗日战争时期贵州成为抗日的大后方，随着黔桂、湘黔、黔川、滇黔4条公路干线相继与毗邻省连通，一些沿海地区的机关、学校、商号、企业纷纷进入贵州，使贵州经济社会发展出现了短暂的繁荣。抗日战争胜利后，随着国民党政府统治中心的东迁、外省厂商纷纷迁出，贵州经济也随之衰落。

三是要用辩证的观点认识贵州省情。一切事物都是对立统一的、相对的，有利的条件之中隐藏着不利的因素，不利因素之中也包含着有利的条件。如贵州是典型的喀斯特山区，自然资源丰富、山川秀美，同时自然生态比较脆弱、土层瘠薄，水土也容易流失。只有辩证地认识省情，才能准确地认识省情的基本特点和发展规律。

四是要用开放的观点认识贵州省情。改革开放是我国的基本国策，随着经济全球化和世界经济一体化趋势的不断加强，各国在国家分工基础上所形成的相互关系、相互依赖、共同发展已构成当今世界经济体系，省情是国情的组成部分，我国经济已是世界经济的重要组成部分，只有用开放的观点认识贵州省情，跳出本省的局限，才能在更高的层次上认清贵州省情的基本特点。

五是要从本质上去认识贵州省情。世界上的任何事物都是本质和现象的对立统一，只有透过现象，才能把握事物的本质。所谓省情的本质，是指省情各种要素的内在联系及其变化规律，任何现象都是各个省情要素内部联系的外在表现，只有把握省情的基本特点，才能认识省情的本质。

六是要注重贵州省力的研究。省力就是一个省的发展能力，最基本的是一个省的社会生产力。自然条件、自然资源等对一个省的发展有着重要作用，只有通过社会生产力的作用，才能使自然条件得以利用，使自然资源得到开发，才能变为社会财富。所以，研究贵州省情，必须把重点放在省力的研究上。

二、贵州省情的认识过程

对贵州的认识和研究，可追溯到宋元时期，而作为省情的认识和研究，则是明代以后。概括地说，主要经历了以下几个阶段，形成以下几种主要的观点。

一是从宋代以后到中华人民共和国成立以前。据有关史料记载，从宋代至民国时期，贵州共修志395种，其中存志190种。明代以后，影响较大的志书有弘治《贵州图经新志》、嘉靖《贵州通志》、万历《贵州通志》、乾隆《贵州通志》、《黔书》、《续黔书》、道光《遵义府志》、民国时期《贵州通志前事志》等。明代诗人刘伯温说："江南千重水，云贵万重山，五百年后看，云贵胜江南。"然而，由于受科学技术水平和经济社会发展水平的局限，在历史上，只要一提到贵州，人们自然而然联想到"三无"，即"天无三日晴，地无三尺平，人无三分银"。这是过去人们对贵州省情基本特点的形象概括。天无三日晴，是说贵州阴雨天多，日照较少；地无三尺平，是说贵州山多，平地较少；人无三分银，是说贵州发展水平低，人民贫困。这种概括形象生动、印象深刻、流传甚广，到中华人民共和国成立后还有一定的影响。

二是中华人民共和国成立以后到改革开放。贵州在中华人民共和国成立以后，对省情的认识越来越重视。解放初期，由省政府财政经济委员会组织编写的《贵州财经资料汇编》，系统地介绍了中华人民共和国成立初期贵州的基本省情。随着社会主义建设事业的全面展开，对贵州的认识也发生了新的变化。周恩来总理在 20 世纪 60 年代初指出："贵州山川秀丽，气候宜人，资源丰富，人民勤劳。只要贵州各族人民在中国共产党领导下，加强团结努力工作，那么，贵州的社会主义建设必将后来居上，大有希望。"周恩来总理对贵州的客观评价，一洗"三无"的陈旧认识，给人们带来了新的希望，激发了贵州各级干部、各族人民建设贵州，改变贵州贫穷落后面貌的热情。

三是改革开放以后。省情研究进一步引起了各级领导、各有关部门和科研工作者的高度重视，主要有《贵州省情》《贵州年鉴》《贵州统计年鉴》《当代贵州简史》《贵州通史》《贵州百科全书》《贵州省情教育教程》等。对贵州省情的认识随着贵州经济社会的发展也进一步深化，2006 年，贵州对经济社会发展状况做出了"欠发达，欠开发"[①]的基本判断。2012年 1 月国务院下发的《关于进一步促进贵州经济社会又好又快发展的若干意见》，明确指出贫穷和落后是贵州的主要矛盾。概括地说：就是发展速度不快、经济总量不大和发展方式粗放、经济质量不高、工业化和城市化水平低、农业基础薄弱、农村贫困人口多、贫困程度深、人民生活水平还不高，是全国贫困问题最突出的省份。

党的十八大以来，党和国家高度重视贵州经济社会发展，明确指出贵州省尽快实现富裕，是西部和欠发达地区与全国缩小差距的一个重要象征，是国家兴旺发达的一个重要标志。

"十二五"以来，贵州抓住国家新一轮西部大开发和出台《国务院关于进一步促进贵州经济社会又好又快发展的若干意见》等重大机遇，以科学发展为主题，以加快经济社会发展为主线，紧紧围绕"加速发展，加快转型，推动跨越"主基调，深入实施工业强省和城镇化带动主战略，重点实施人扶贫、大数据两大战略行动，经济社会发展取得新的重大成就。

---

① 欠发达，是指贵州从历史上长期处于贫穷落后的状态；欠开发，是指贵州建省以来，除抗日战争、三线建设以外，到西部大开发前，并没有经过大规模的开发。

"十三五"以来，贵州又坚持以脱贫攻坚统揽经济社会发展全局，落实高质量发展要求，牢牢守好发展和生态两条底线，全面深化改革开放，全力打好防范化解重大风险、精准脱贫、污染防治三大攻坚战，强力推进大扶贫、大数据、大生态三大战略行动，着力加快国家大数据综合试验区、内陆开放型经济试验区、生态文明试验区三大国家级试验区建设，经济社会发展取得显著成绩。2018 年，全省地区生产总值达 14806.45 亿元，增长 9.1%，增速居全国第一，连续 8 年位居全国前列。

习近平总书记 2015 年在视察贵州时，从历史和现实的高度，指出"贵州历史悠久，文化多彩，资源丰富，生态良好，区位便利"。这一精辟论述，把贵州的省情认识提高到了新的战略高度，为贵州赋予了科学的战略定位，对立足省情实际，发挥比较优势，培植后发优势，实现后发赶超具有战略指导意义。

三、贵州省情的基本特点

贵州简称"黔"或"贵"，位于中国大西南的东南部，是一个喀斯特地貌发育完整、民族众多、发展潜力巨大的内陆山区省份。贵州省情有五个基本特点。

（一）贵州历史悠久

贵州的历史是中华民族历史的组成部分，也是各民族融合发展的历史。早在 24 万年前就有人类居住、活动，战国、秦汉时期，贵州成为夜郎国的中心。唐代在今贵州地区推行经制州与羁縻州并行的制度。明永乐十一年（1413）建立贵州布政使司，贵州成为当时全国十三个行省之一。明正德年间（1506—1521），王阳明谪居贵州龙场，成就"心即理"和"知行合一"学说，影响深远，遍及四海。贵州是具有光荣传统的革命老区。1935 年 1 月，中国共产党在长征途中于贵州遵义召开了具有伟大转折意义的"遵义会议"，在极其危险的情况下挽救了党，挽救了红军，挽救了中国革命。抗日战争时期，贵州成为支持全国抗日的大后方，大量机关、工厂、学校内迁，也对贵州经济社会的发展起到了促进作用。1949 年 11 月 15 日，中国人民解放军二野五兵团解放贵阳，贵州的历史翻开了新的一页。

当前，以习近平同志为核心的党中央心系贵州发展、情系贵州人民，对贵州工作特别关心，对贵州人民恩重如山，为贵州发展带来了重大历史机遇。我们要以此为重大契机，牢记嘱托、感恩奋进，大力培育和弘扬团结奋进、拼搏创新、苦干实干、后发赶超的新时代贵州精神，撸起袖子加油干、迈开步子加快赶，走好新时代的长征路。

（二）贵州文化多彩

贵州文化资源丰富，有"文化千岛"的美誉，被联合国科教文化组织圈定为"人类需要保护的生态文化圈"之一。贵州在历史上是一个民族迁徙的大走廊、中原文化与本土文化交融的大平台，形成了特色鲜明的阳明文化、夜郎文化、屯堡文化、土司文化。贵州是一个民族文化基因库，全省共有 56 个民族成分，有苗族、布依族、侗族等 17 个世居少数民族，创造了"一山不同族，五里不同俗，十里不同风"的民族文化奇观，民族民俗文化保护较为完整，侗族大歌、苗族飞歌享誉海内外。贵州是红色文化的热土，红军在贵州的活动时间长达 6 年之久，足迹走遍 68 个县，全国 100 个"红色旅游经典景区"贵州占了十分之一。贵州 95.2% 的国土面积为山地和丘陵，境内山峦起伏，绵延纵横，构成了"八山一水一分田"的山地格局，"靠山吃山"的贵州人在陡峭的大山中孕育发展了独特的山地文化。贵州拥有若干或大或小的文化生态圈，构成了一个多元文化荟萃的文化大观园，是中华民族乃至世界文化宝库中的珍贵遗产。从 2004 年开始，贵州将"多彩贵州"作为对外宣传的文化符号，着力打造贵州文化品牌，努力做强文化产业、繁荣文化事业，塑造了全新的贵州形象。

（三）贵州资源丰富

贵州资源丰富主要体现在三个方面，一是能源资源十分丰富，全省水、煤、电多种能源兼备且组合良好，水能资源理论蕴藏量居全国第 6 位，且水位落差集中的间断多，开发条件优越。煤炭保有储量居全国第 5 位，品种齐全、煤质优良，超过江南 12 省区总量之和，素有"江南煤海"之称。同时，境内矿产资源种类繁多、储量丰富，储量居全国前 5 位的矿产有 28 种，排全国第一位的有汞、重晶石、化肥用砂岩等。丰富的能矿资源为把我省建成全国重要的能源基地和资源深加工基地提供了基础支撑。二是生物资源优势突出，境内生物资源种类繁多、富有特色，有野生植物 3800 多种，野生动物 1000 多种。全省共有中药材 4000 多种，占全国中草药品种的 80%，是全国重要的动植物种源地和著名的四大中药材主产区之一。贵州具有发展立体农业、绿色产业和医药产业的优越条件。三是旅游资源丰富，贵州具有神奇秀美的自然风光、绚丽多彩的民族文化、闻名遐迩的红色旅游文化，奇山秀水、瀑布峡谷、溶洞石林星罗棋布，有 18 个国家级风景名胜区，11 个国家级自然保护区，28 个国家级森林公园，9 个国家级地质公园，是避暑胜地和世界十大"返璞归真、回归自然"旅游目的地，被誉为"公园省"。2018 年，梵净山被列入世界自然遗产目录，贵州成为全国世界自然遗产地数量最多的省份。

（四）贵州生态良好

贵州生态环境优势凸显，丰富的植被、舒适的气候、清新的空气等生态资源成为宝贵的资源，并随着未来经济社会的发展弥足珍贵。贵州海拔适中，平均海拔1107米，纬度适宜，年平均温度在15℃左右，森林覆盖率高，2018年达到57%，负氧离子浓度高，地磁辐射弱，被誉为天然"大空调""大氧吧""大公园"。贵州属亚热带季风湿润气候，夏季平均气温低于25℃，全年风速以微风为主，极少受到雾霾和沙尘天气影响，2018年县城以上城市空气质量优良天数比率达到97.7%。贵州是长江、珠江上游的重要生态屏障，主要河流出境断面水质优良率保持100%，已经纳入国家主体功能区。贵州是国家生态文明试验区，我国唯一以生态文明为主题的国家级、国际性高端峰会——生态文明国际论坛就常年在贵阳召开，在绿色发展理念引领下，生态优势正逐步转化为经济优势发展优势，"绿水青山就是金山银山"的理念已经深入贵州经济社会发展的方方面面，绿色已成为新时代贵州发展的厚重底色。

（五）贵州区位便利

贵州处在近海（贵阳至北海700多千米）、近江（北临长江、南通珠江）、近边（距中越边境较近)的"三近"地带，是我国大西南的重要陆路交通枢纽，是西南通向华南地区(粤、港、澳)、"三亚"地区（东亚、东南亚、南亚）的出海出境重要通道和陆路交通枢纽，是中国—东盟自由贸易区的交通咽喉和次前沿地区。2018年，贵州高速公路通车总里程达到6450千米，与珠三角、北部湾经济区、成渝经济区、长株潭城市群、滇中经济区等实现了互联互通；以渝贵高铁开通为标志，形成了以贵阳为中心的"十字形"高铁网，贵州到长三角、珠三角、京津冀和川渝滇的快速通道全面贯通；贵州通航机场实现9个市（州）全覆盖，龙洞堡机场成功跻身全国大型繁忙机场行列；水运网络不断完善，全省高等级航道里程突破900千米，首次实现通江达海，贵州的西南交通枢纽地位全面巩固提升，成为"一带一路"和长江经济带建设的主要力量，赶上了国家发展的快车道。

我们要按照习近平总书记对贵州省情的最新战略定位，深刻把握贵州在全国的地位，进一步深化省情认识，深入发掘贵州历史悠久、文化多彩、资源丰富、生态良好、区位便利的省情特点和充分发挥比较优势，加快培植和释放后发优势，为奋力开创百姓富、生态美的多彩贵州新未来做出自己应有的贡献。

广场变迁见证黔地发展（旧筑城广场）

广场变迁见证黔地发展（新筑城广场）

第一章　脱贫攻坚的贵州实践

　　贵州作为全国脱贫攻坚的主战场，决战脱贫攻坚、决胜同步小康，尽锐出战，务求精准，确保按时打赢脱贫攻坚战，向贵州千百年来的绝对贫困发起总攻，形成了可在全国推广的贵州经验，书写了中国减贫奇迹的贵州篇章。

第一节　脱贫攻坚的贵州样板

　　党的十八大以来，贵州省坚持把脱贫攻坚作为头等大事和第一民生工程，精准扶贫、精准脱贫力度之大、效果之彰，在贵州发展历史上前所未有。全省贫困发生率从 2012 年的 26.8% 下降到 2018 年的 4.3%，年均减贫超过 100 万人。贵州省减贫人数和减贫幅度、易地扶贫搬迁人数位居全国各省区前列，创造了全国脱贫攻坚"省级样板"，书写了我国减贫奇迹的贵州篇章。

一、千百年来的贵州贫困

　　贵州的贫困可用三句话概括：贫困人口多，贫困面广，贫困程度深。贵州经济既不能与"一马平川"的中原和"水乡泽国"的江南相比，也不能与"天府之国"四川和"鱼米之乡"湖广相比，甚至不能与"滇池洱海"云南相提并论，呈现的是"方诸郡为贫"。

（一）中华人民共和国成立前的贵州

在元代前，贵州资源多样，雨量充沛，气候温和，水热配合良好，适宜多种作物生长，过于"宽大"的自然环境往往使贵州人采取"焚山而耕""退则猎鸟兽充食"的粗放耕作方法，过着"赶山吃饭"的生活。在元代，驿道的开设和屯田、养马的兴起虽为贵州发展创造了有利条件，但土官"世袭其职，世有其土，世长其民"，土地严禁买卖、典当、外来人开垦，人口不准自由迁徙等因素严重阻碍了地主所有制经济的发展。在明代，尽管在一定程度上改变了交通闭塞、耕地减少、技术落后的状况，促进了贵州经济的发展，但是并没有从根本上改变贵州贫困的面貌。"十三省之司饷，未有如贵州之绌者"。贵州赋税收入无法满足本省开支，捉襟见肘，说明贵州经济的艰难。在清代，作为一个"赋税岁入仅21万两"的穷省，沦落到了"十室九家贫"的地步。不少农民为完租纳赋，不得不"自掘祖坟银饰"，或"终日采芒为食"。在整个民国时期，贵州经济增长速度呈现起伏波折，经济结构落后，地方工业企业如凤毛麟角，在整个社会经济中的影响极小，至中华人民共和国成立前，贵州经济仍处于明显的落后地位。

（二）中华人民共和国成立后的贵州

中华人民共和国成立后，贵州结合自身实际采取了许多发展经济的措施，但因各种原因，直至1984年，其经济仍然非常落后，人民仍然非常贫困。主要表现为：①经济发展水平低。贵州26个贫困人口集中县的人均工农业总产值224元，只相当于全国平均水平的22%；人均占有粮食232.5公斤，相当于全国平均水平的60%。②衣食严重不足。在26个贫困人口集中县中，有70%的农户属于贫困户，他们多数欠债，缺粮5个月左右，只有靠洋芋、红薯、蔬菜艰难度日。许多人衣被严重不足，有些十多岁的孩子还没有裤子穿。③居住条件和饮水困难。纳雍、大方、赫章、织金4个县362个乡中，住房困难的有34 698户，占总农户的5.1%。其中：住岩洞的92户，住"趴地棚"的3270户，住"权权房"的15 854户，无房屋的5473户。普定县窝子乡，58个自然村寨中有44个村寨7300人饮水十分困难，每家每天要占用一个强劳动力背水喝，背一趟水要花两个小时。这些地方，一盆水早上洗脸，中午洗衣，晚上洗脚，还要用来喂牲口。④卫生医疗条件落后。在一些山村，只有"鬼师"没有医生，发病率和死亡率都比较高。望谟、三都、榕江、雷山、沿河、印江等县的地甲病（即"地方性甲状腺肿"）患病率高达10%以上。印江自治县凉水井乡16.2%成年人都患肺结核，新民乡八斗堰村民组户户都有人患肺结核。

二、贵州长期贫困的原因

造成贵州长期处于绝对贫困的原因很多，既有地理位置偏僻、生态环境脆弱、自然灾害频繁等客观因素，也有思想文化落后、政策规划失误等主观因素。

（一）生态环境脆弱

贵州境内"跬步皆山"，92.5% 的面积为山地和丘陵、61.9% 的面积为喀斯特地貌，是全国唯一没有平原支撑的省份。这种地理环境不仅造成山川阻隔，对内对外交通不便，而且造成平地少，土层薄，坡度大，水土流失严重，灌溉困难，限制着农业生产的发展。如纳雍、水城、德江、望谟、紫云、从江、三都 7 个县的森林覆盖率由中华人民共和国成立初期的 44.4% 下降到 1985 年的 16.1%。赫章、水城、望谟、紫云、雷山等县水土流失面积占总面积的 46.6%，其中赫章县高达 57.6%。

（二）自然灾害频繁

干旱、洪涝、冰雹、虫灾、山体滑坡和泥石流，常常轮番袭击，一年遭灾，数年贫困，有的地方灾害年年不断；有的年份春旱连夏旱，夏旱连伏旱，旱后洪水、冰雹又接踵而至，造成粮食颗粒无收。自然灾害频繁，严重制约着贵州农业和农村经济的发展。

（三）基础设施薄弱

贵州集中连片的贫困乡村多属边远偏僻山区，30% 的乡和 60% 以上的村寨不通公路，人们长期处于封闭的社会环境，活动范围十分狭窄。赫章、望谟、三都、荔波、榕江、从江、雷山、丹寨 8 个县平均 170 平方千米范围才有一个集市，从江县 366 平方千米才有一个集市，边远山区的农民购买煤油、盐巴、化肥，出售土特产品，需翻山越岭，往返路程要走几十千米，甚至上百千米。榕江县水尾乡上万村的农民到区里买东西，单程要走 90 千米。许多商品运到分销店，运费比成本高；山区 80% 的乡村不通电和电话，无广播、电视信号，信息不通，成为封闭之地；水利设施缺乏或年久失修，80% 的坡地无灌溉保障，梯田坡地水土流失特别严重。

（四）教育、科技、医疗水平落后

贫困地区地处偏远，居住分散，发展教育困难。山区不少乡村没有中小学，适龄儿童入学困难，青壮年不能脱盲，文化素质不高。据统计，12 岁以上的文盲、半文盲占 57.6%，威宁自治县文盲率高达 70%，其中妇女文盲率达 90% 以上。榕江县八开区 990 名村组干部中，文盲率高达 56.5%。医疗条件落后，因病、因残致贫的比例高；科学技术有限，有一技之长的能工巧匠很少，大多数农民不懂科学技术和管理知识，科学技术传播不进去，不少地方还处于刀耕火种的原始状态。

（五）经济结构单一

贫困山区粮食单产低，加之农业生产资料成本高，农业长期亏本；产业结构极不合理，工业比重很小，乡镇企业刚刚起步，不少乡村还是空白。1984 年工农业总产值中工业产值只占 14%；在农业总产值中，种植业总产值占 54.7%；在种植业内部，粮食作物总产值占 67%。这些地方为了解决温饱问题，不得不集中力量抓粮食生产，传统单一的农业结构基本没有改变，发展商品生产的经济条件基本没有具备。

除上述客观因素外，贵州长期处于绝对贫困也有"左"的影响和党委政府工作注意力偏差等主观上的原因。1978 年中共十一届三中全会后，进行拨乱反正，实行家庭联产承包责任制，这些地区农业生产的发展速度有所加快。对于贫困地区，各级政府虽给予财力、物力、人力支持，但一般偏重于单纯救济的"输血"模式，帮助增强"造血"功能不够，还不能满足人民的实际需要。

三、40 年来贵州的减贫成就

改革开放 40 年来，中共中央、国务院高度关注并致力解决贵州贫困问题。这些年来，在全党和全国人民的帮助支持下，贵州抢抓国家深入实施西部大开发战略、进一步支持贵州经济社会又好又快发展、建设国家级三大试验区[①] 等重大历史机遇，牢牢守住发展和生态两条底线，强力实施大扶贫、大数据、大生态三大战略行动，更加有效实施改革推动、开放带动、创新驱动、产业拉动，全省经济社会实现了跨越发展、后发赶超，取得了前所未有的辉煌成就。

（一）贫困人口大幅减少

1949 年全省生产总值仅为 6.23 亿元，2018 年全省生产总值达 14 806.45 亿元，是 1949 年的 2377 倍。2012 年至 2018 年生产总值年均增长 11%、增速连续 8 年居全国前 3 位。1949 年人均地区生产总值仅 44 元，2018 年人均生产总值突破 4 万元，达 41 244 元，

---

① 国家大数据综合试验区、国家生态文明试验区、贵州内陆开放型经济试验区。

是 1949 年的 937 倍。为破解"一方水土不能养一方人"的困境，贵州计划实施易地扶贫搬迁 188 万人，其中建档立卡贫困人口 149.4 万人，截至 2018 年底，完成易地扶贫搬迁 132 万人。全省贫困人口从 1978 年的 1840 余万人减少到 2018 年的 155.12 万人，减贫人数全国最多。

 2010 年以来贵州省脱贫基本情况

年份	脱贫人口（万人）
2010	137
2011	60
2012	226
2013	178
2014	122
2015	130
2016	121
2017	123.69
2018	155.12

（二）基础设施明显改善

开工建设一大批骨干水源工程，中型水库投运的县增加到 74 个。以水、电、路、讯、房为重点的基础设施得到明显改善，实现乡乡通油路、村村通公路。供水能力达到 110 亿立方米，解决了 1300 万农村人口饮水安全问题。通信光缆达到 96.8 万千米，出省带宽达到 9130Gb/s，行政村光纤、4G 网络实现全覆盖。自 2017 年开始，贵州省实施农村危房改造和住房保障三年行动计划，同步推进改厨、改厕、改圈的"三改"工作。据贵州省住建厅统计，截至 2018 年底，贵州省累计完成农村危房改造 324.9 万户，1200 多万群众住房安全得到保障。这些工作得到了农村群众的高度认可。

（三）生态建设成效显著

全省绿色经济"四型"① 产业占生产总值比重达 37%。率先划定生态保护红线，25 个县

---

① 生态利用型、循环高效型、低碳清洁型、环境治理型。

被列为国家重点生态功能区，30% 的县（区、市）完成县域乡村建设规划编制，城市（县城）污水、生活垃圾无害化处理率分别提高到 91.5% 和 90.8%，万元生产总值能耗下降 4% 以上。农村环境综合整治项目覆盖 600 个行政村，改造农村户用厕所 93.7 万个、村级公共厕所 5300 多个，创建"四在农家·美丽乡村"省级新农村示范点 157 个、新农村环境综合治理省级示范点 192 个。大力实施"青山""碧水""蓝天""净土"四大工程，完成营造林 520 万亩，实施退耕还林 350 万亩，新增高效节水灌溉面积 18 万亩，治理石漠化面积 2708 平方千米、水土流失面积 5406 平方千米；强力实施六盘水市水城河环境污染源等十大污染源治理和磷化工、火电等十大行业治污减排全面达标排放专项行动，启动实施磷化工企业"以渣定产"，实施草海综合治理五大工程，全面全域取缔网箱养鱼。划定发布生态保护红线，开展生态产品价值实现机制和赤水河流域横向生态补偿机制试点。河（湖）长制全面建立，开展生态日活动。

（四）群众获得感明显提升

教育事业优先发展，2018 年全省高等教育毛入学率 36%，比 2010 年提高 16 个百分点，高中阶段教育毛入学率 88%，提高 33 个百分点，小学学龄儿童入学率 99.66%、提高 1.76 个百分点。率先在全国启动实施"免费营养午餐计划"和教育"9+3"计划，对建档立卡贫困学生实行"两助二免（补）"或"两助一免（补）"教育精准扶贫政策。医疗卫生事业快速发展，2018 年末全省共有医院、卫生院 2705 个，比 2010 年增加 700 个，村卫生室实现全覆盖，每千人拥有床位数 6.46 张，比 2010 年增加 3.68 张，居民主要健康指标总体达到全国水平，人均预期寿命达到 73.78 岁。2018 年，全省城镇、农村常住居民人均可支配收入分别达到 31592 元和 9716 元，分别是 2010 年的 2.1 倍和 2.8 倍，城乡收入倍差从 2010 年的 4.07 缩小为 3.25。社会和谐稳定，人民群众获得感幸福感明显提升。

第二节　脱贫攻坚的贵州经验

1978 年改革开放以来，尤其是大规模扶贫开发和精准扶贫实施以来，贵州省委、省政府始终把治穷减贫作为治省方略，始终把脱贫攻坚作为头等大事和第一民生工程，举全省之力、集全省之智，发扬"团结奋进、拼搏创新、苦干实干、后发赶超"的新时代贵州精神，探索了富有时代精神和贵州特色的减贫之路。

一、脱贫攻坚的历程与思路

（一）1978—1985 年农村体制改革推动扶贫阶段

这一阶段的脱贫攻坚是以农村体制改革促进生产力的发展，缓解农村贫困。脱贫攻坚的工作思路主要是解除思想束缚，解决贵州农村的主要问题——"吃饭"。十一届三中全会前，人民公社制度长期束缚了贵州农民的生产积极性，农村经济面临崩溃边缘。1978 年 3 月，关岭布依族苗族自治县顶云公社创造了"顶云经验"：28 个生产队中，有 16 个自发试行"定产到组，包干到户"生产责任制。这一创造，使顶云尽管夏粮秋粮连续遭灾，但仍一举打破粮食生产 10 年徘徊不前的局面。1980 年 5 月，贵州省委决定从全省农民群众生活极其贫困的省情出发，尊重农民意愿，逐步在农村试行农业生产承包责任制，到 1981 年年底，全省98.2% 的生产队推行"大包干"生产管理制度。省委、省政府还针对农村和城市的极贫问题，提出举全省之力解决群众最基本的温饱问题的战略，将扶贫、扶优的"双扶"工作提到各级党委、政府的重要工作议事日程。1984 年，省委把"做好扶贫济困"列入要抓好的 10 项重要工作内容。这阶段扶贫工作主要由民政部门发放救济粮、钱、寒衣、棉被为主，同时通过帮扶贫困农户发展生产，解决温饱问题。

1978—1985 年，通过体制改革推动扶贫，按 1986 年人均纯收入 206 元的绝对贫困标准，贵州农村贫困人口从占总人口的 2/3 下降到 1/2，贫困人口数为 1500 万人，占全省农业人口的 57.5%。

（二）1986—1993 年大规模开发式扶贫阶段

这一阶段脱贫攻坚的特点是从零散的民政救济向有组织、有计划、大规模的开发式扶贫方式转变。减贫工作思路主要是改革传统的救济式扶贫，变"输血"为"造血"，成立专门扶贫工作机构，安排专项资金，制定专门的优惠政策，进行开发式扶贫。

从 1986 年起，贵州省开始改革扶贫方式，完善政策性扶贫，确立了以解决贫困人口温饱为扶贫主要目标，以贫困农户为扶贫基本对象，开展有组织、有计划大规模的开发式扶贫工作。1986 年 3 月 1 日，省委、省政府印发《关于加强贫困地区工作的指示》，要求各级党委政府把扶贫工作作为大事来抓，力争 5 年左右时间，使贫困地区农民人均年纯收入达200 元以上，温饱问题得到基本解决。1988 年 3 月 9 日省委常委扩大会议研究建立毕节"开发扶贫、生态建设"试验区，6 月 9 日，国务院原则同意贵州省建立毕节开发扶贫、生态建设试验区。1991 年 5 月 29 日，中共中央办公厅《工作情况》第 25 期刊载《贵州省以工代赈坡改梯取得好成绩》的文章，向全国介绍贵州两年来实施以工代赈坡改梯工程建设取得的主要成绩和基本经验。

1993 年底，全省农村贫困人口从 1986 年的 1500 万人下降到 1000 万人，占全省农村总人口的比重从 57.5% 下降到 34.4%。

（三）1994—2000 年"八七"扶贫攻坚阶段

这一阶段的特点是以实施《国家八七扶贫攻坚计划》[①] 为契机，以扶贫到户、解决温饱为重点，以 48 个集中连片的国家贫困县为主战场，进行扶贫攻坚。减贫工作思路主要是集中力量打歼灭战，加强农村基础设施建设，积极探索符合贵州省情的开发扶贫路子。

1994 年，省委、省政府首次对全省的扶贫工作做出全面规划和战略部署，确定扶贫工作重点向贫困人口集中的深山区、石山区、边远地区、高寒山区、地方病高发区和少数民族聚居区倾斜，要求用七年左右的时间，即到 2000 年时，基本解决全省 1000 万贫困人口的温饱问题。"八七"扶贫攻坚时期，贵州通过大规模实施扶贫"温饱工程""粮食高产示范工程"、联合国人口基金 / 粮农组织项目、世界银行贷款支持项目、黔西南自治州"星火计划、科技扶贫试验区"、以工代赈基本农田建设等开发扶贫项目，到 1998 年实现全省农村粮食基本自给，基本解决农村贫困地区、贫困人口温饱问题。

到 2000 年"八七"扶贫攻坚计划结束时，贵州贫困人口按当时贫困标准统计，由 1994 年的 1000 万人减少到 313.46 万人，占农村总人口的比重从 34.4% 下降到 9.74%，大多数农村贫困人口的温饱问题基本解决，实现了农村粮食基本自给，48 个贫困县整体越过"温饱线"，基本完成农村从普遍绝对贫困向巩固扶贫成果与全面消除贫困的历史性转变。

（四）2001—2010 年新阶段扶贫开发

这一阶段的扶贫特点是，开发式扶贫和社会保障相结合，专项扶贫和行业扶贫、社会扶贫相结合，采取开放式扶贫、异地扶贫搬迁、社会保障救助等多种扶贫形式。减贫工作思路主要是跳出扶贫抓扶贫，采取开放式扶贫、搬迁式扶贫、救助式扶贫，逐步改变贫困地区经济、社会、文化的落后状况，为稳定脱贫奔小康奠定基础。

---

① 1994 年 3 月，国务院制定和发布的关于全国扶贫开发工作的纲领。"八七"的含义是：对当时全国农村 8000 万贫困人口的温饱问题，力争用 7 年左右的时间（从 1994 年到 2000 年）基本解决。以该计划的公布实施为标志，我国的扶贫开发进入攻坚阶段。

2001年国家发展和改革委员会把贵州省列入西部4个易地移民搬迁扶贫试点省之一。2002年，贵州省有50个县被列入国家新阶段扶贫开发工作重点县。贵州省确定全省扶贫工作重点乡（镇）934个，扶贫重点村13 973个。这一阶段，贵州省委、省政府坚持"三个三"开发扶贫思路，解决"三个基本问题"①，采取"三类扶贫措施"②，抓好"三项重点工作"③。在新阶段扶贫工作中，贵州采取综合措施治理贫困"综合症"，探索创新了具有贵州特色、体现贵州精神的"晴隆模式""印江经验""长顺做法""威宁试点"等各具特色的典型，取得显著成效。

这一阶段，农村贫困人口温饱问题基本解决，收入水平稳步提高，基础设施明显改善，社会事业不断进步，农村基本结束了总体贫困的历史。按照2010年1274元的扶贫标准，全省农村贫困人口从2000年年末的860万人减少到2010年年末的418万人，贫困发生率从27.6%下降到12.1%。

（五）2011—2015年片区扶贫攻坚、精准扶贫阶段

这一阶段脱贫攻坚的特点是，以"加速发展、推动跨越"的主基调统领扶贫开发，以"三化同步"④为主要抓手，集中资源打好扶贫脱贫攻坚战，推动贫困地区经济社会实现跨越式发展。减贫工作思路主要是深入实施工业强省战略和城镇化带动战略，在工业化、城镇化深入发展中同步推进农业现代化，实现工业化致富农民、城镇化带动农村、产业化提升农业。

2011年，中央扶贫开发工作会议将扶贫标准提高到2300元（2010年不变价），贵州省农村贫困人口1149万人，是全国贫困人口最多的省份；贫困发生率33.4%，居全国第三位。2012年1月，《国务院关于进一步促进贵州经济社会又好又快发展的若干意见》，明确贵州省作为"扶贫开发攻坚示范区"的战略定位。省委、省政府提出在统筹城乡发展背景下，

---

① （1）改善贫困地区和贫困群众基本生产生活条件；（2）拓宽贫困群众基本增收门路；（3）帮助贫困群众提高基本素质。

② （1）对有生存条件的贫困群众，采取开发式扶贫，通过发展种养业增加收入；（2）对居住在"一方水土难以养活一方人"、生存环境条件恶劣，缺乏基本生产生活条件地区的贫困群众，采取易地搬迁方式扶贫；（3）对鳏寡孤独、"五保户"、因病因残丧失劳动能力和低收入以下的贫困人口，实行低保制度，做到"应保尽保"。

③ （1）整村推进；（2）劳动力转移培训；（3）产业化扶贫。

④ （1）对有生存条件的贫困群众，采取开发式扶贫，通过发展种养业增加收入；（2）对居住在"一方水土难以养活一方人"、生存环境条件恶劣，缺乏基本生产生活条件地区的贫困群众，采取易地搬迁方式扶贫；（3）对鳏寡孤独、"五保户"、因病因残丧失劳动能力和低收入以下的贫困人口，实行低保制度，做到"应保尽保"。

贵州省逐渐形成专项扶贫、行业扶贫、社会扶贫"三位一体"的大扶贫工作格局。"以工促农、以城代乡"方针为大扶贫格局注入了活力。贵州在全国首创"减贫摘帽"激励机制，实行"减贫摘帽"不摘优惠政策；深化集团帮扶制度，推行省、市（州）、县级党委、人大、政府、政协在职领导牵头定点联系贫困县、定点帮扶贫困乡（镇）、贫困村的帮扶制度，用3年时间实现一轮帮扶乡（镇）、村整体脱贫。

这一阶段，贵州扶贫开发已经从以解决温饱为主要任务的阶段转入巩固温饱成果、加快脱贫致富、改善生态环境、提高发展能力、缩小发展差距的新阶段，扶贫开发取得了重要的阶段性成果。贫困地区各族群众物质文化和精神文化生活水平和质量不断改善和提高，实现民族团结，社会政治稳定，迈步走向全面小康社会。

二、脱贫攻坚的基本经验

2015年11月，省委十一届六次全会通过了《关于制定贵州省国民经济和社会发展第十三个五年规划纲要的建议》，提出全力实施大扶贫战略行动，坚决打赢脱贫攻坚战，紧扣到2020年与全国同步全面建成小康社会的战略目标，围绕补齐小康短板、打赢脱贫攻坚战，对实施大扶贫战略行动，深入推进精准扶贫精准脱贫做出一系列重要部署。

（一）打赢"四场硬仗"

打赢脱贫攻坚战，需要按照党中央统一部署，坚持问题导向，大力发扬"钉钉子"精神，下大功夫研究问题、破解难题。贵州基于自身情况，提出破解这个难题需要打好"四场硬仗"，即围绕产业扶贫、农村公路"组组通"、易地扶贫搬迁和教育医疗住房"三保障"。这是所有工作向脱贫攻坚聚焦、各种资源向脱贫攻坚聚集、各方力量向脱贫攻坚聚合的根本保证。

一是强力推进以"组组通"硬化路为重点的基础设施建设。打好基础设施建设硬仗是脱贫攻坚"四场硬仗"的首场硬仗。首先是按照量质并重、权责一致、有路必养、城乡一体的要求，加快"组组通"硬化路建设进度，为脱贫攻坚提供有力支撑。2018年完成农村"组组通"硬化路5.1万千米，98%的村民组通硬化路，新增通组路沿线受益建档立卡贫困人口112.2万人。其次是围绕实现农村人口特别是贫困人口"饮水不愁"目标，制定了《全面解决农村饮水安全问题攻坚决战行动方案》，2018年农村饮水安全"渴望工程"解决人数88.41万人，新增耕地灌溉面积15.88万亩，新增高效结束灌溉面积18万亩，改善、恢复灌溉面积21.33万亩。三是以行政村和30户以上的自然村寨为单位，加快村庄规划编制，大力推动多规合

"组组通"硬化幸福路——仁怀市高大坪乡银水村农村公路

一。上半年已完成 86 个县域乡村建设规划及 1.28 万个行政村村庄规划，编制覆盖率分别达 97.7% 和 94.1%。

二是整体推进易地扶贫搬迁。贵州为了打好易地搬迁扶贫硬仗，坚持"搬迁是手段，脱贫是目的"的理念，坚持全面梳理各个安置点，对有劳动力家庭逐户落实就业措施，全面消除"零就业"家庭。开展对搬迁群众的全员培训，落实以就业为核心的生计保障和后续扶持工作，确保易地搬迁贫困群众搬得出、稳得住、能致富；坚持用足用好城乡建设用地增减挂钩政策，统筹解决就业、就学和就医，衔接低保、医保和养老保险，建设经营性服务公司、小型农场和公共服务站，探索建立服务群众的集体经营制度、社区管理服务制度、群众动员组织制度。

链接 易地扶贫搬迁

在贵州，有许多人口之所以贫困是因为他们生活在缺乏生存条件地区。易地搬迁扶贫就是为了克服"一方水土养不起一方人"的窘境，把贫困人口搬迁安置到具备生存条件的其他地区，通过改善安置区的生产生活条件、调整经济结构和拓展增收渠道，着力完善基本公共服务保障体系、培训和就业服务体系、文化服务体系、社区治理体系、基层党建体系等"五个体系"，让搬迁群众生活安心、舒心、放心。它是贫困人口"挪穷窝、换穷貌、改穷业、拔穷根"的治本之策。其基本做法为"六个坚持"：坚持省级统贷统还、坚持自然村寨整体搬迁为主、坚持城镇化集中安置、坚持以县为单位集中建设、坚持不让贫困户因搬迁而负债、坚持以产定搬以岗定搬。

搬迁前，村民的生活

搬迁后，村民居住的新房

三是打好产业扶贫硬仗。产业扶贫是以市场为导向，以经济效益为中心，以产业发展为杠杆的扶贫开发过程。贵州是全国脱贫攻坚的主战场，按老办法解决不了贵州脱贫攻坚的一系列问题，必须采取超常规、革命性的手段，来一场振兴农村经济的深刻农村产业革命[①]。一是观念革命，改变祖祖辈辈养成的习惯，革除小农经济等落后观念，树立现代市场经济观念，敢于打破、敢于尝试。二是发展方式革命，通过强龙头、创品牌、带农户，大力推广"公司＋合作社＋农户"的模式，让农民只管种，市场开拓由龙头公司来干；在产销对接机制上，形成集生产、加工、销售、储运为一体的完整产业链，使农业生产和市场紧密结合，带动产业发展和农民增收。三是作风革命，大力推广"五步工作法"[②]，最终推动产业规划项目、春耕物资、利益联结机制、产销衔接机制、专家技术服务团队"五个到村到户到人"。2018年农业增加值增长 1.8%。

四是持续推进"两不愁、三保障"工作。教育医疗住房"三保障"是生活"安全网"和社会"稳定器"，是一个地区脱贫与否的重要指标。一是全面落实教育扶贫政策，压缩 6%

①　农村产业革命指的是以观念革命、发展方式革命、作风革命为主要内容的振兴农村经济的重大产业革新。
②　五步工作法是指运用政策设计、工作部署、干部培训、督促检查、追责问责五个步骤推进工作。

的行政经费用于教育扶贫，及时下达各项教育资助资金，农村学前教育儿童营养改善计划实现贫困县全覆盖，加快推进农村贫困劳动力全员培训和上岗就业；二是全面落实医疗精准扶贫政策，对因病致贫群众加大医疗救助、临时救助、慈善救助等帮扶力度，在全国率先实现省市县乡远程医疗全覆盖，在全国率先建成省市县乡四级公立医院远程医疗服务体系，开展远程医疗会诊服务 23.6 万例；三是深入实施农村危房改造和住房保障三年行动计划，大力实施农村危房改造，确保稳定实现农村贫困人口不愁吃、不愁穿，义务教育、基本医疗和住房安全有保障。

 我国"十三五"期间脱贫攻坚的目标

2015 年 11 月召开的中央扶贫开发工作会议强调，"十三五"期间脱贫攻坚的目标是，到 2020 年稳定实现农村贫困人口不愁吃、不愁穿，农村贫困人口义务教育、基本医疗、住房安全有保障。

（二）实施"四个聚焦"

1. 扶贫资金向深度贫困地区聚焦

2018 年以来，全省安排预算内资金 170 多亿元用于脱贫攻坚，其中深度贫困地区近 60 亿元；安排中央预算内资金 3.63 亿元用于农村扶贫公路建设；累计安排 6.77 亿元用于 14 个深度贫困县实施教育、文化、卫生、旅游等重大项目及"一县一业"产业扶贫、畜禽粪污资源化利用、石漠化治理和退耕还林等重大工程。争取国家年度扶贫贷款规模向深度贫困地区倾斜，确保 14 个深度贫困县累计 60 亿元扶贫再贷款限额循环使用。

2. 帮扶力量向深度贫困地区聚焦

贵州省委常委、省政协主席、省人大党组书记、副省长等 20 位省领导各联系帮扶 1 个极贫乡镇，深度贫困县全部由省领导联系帮扶。市县两级领导按照属地分别联系帮扶 2760 个深度贫困村。市级将极贫乡镇和深度贫困村纳入绩效考核范围，县级将深度贫困村纳入绩效考核范围。由省市两级对 14 个深度贫困县、20 个极贫乡镇党政主要领导和 2760 个深度贫困村第一书记、村党组织书记、村委会主任进行针对性集中轮训。

3. 东西部扶贫协作向深度贫困地区聚焦

加大深度贫困地区农特产品和旅游产品在对口帮扶城市的推介、展销和市场开拓，强化东部城市和深度贫困地区的劳务协作，引导对口帮扶城市企业到深度贫困地区投资兴业，帮助深度贫困地区建设特色农产品供应基地。2018 年 7 个对口帮扶城市计划投入我省财政帮扶资金 19.14 亿元，引进帮扶城市企业 149 个，实施项目 156 个。

4. 基础设施向深度贫困地区聚焦

将中央安排我省的重大基础设施建设项目优先布局在深度贫困地区，对农村及少数民族聚居地区 16 岁至 55 岁非在校生中的贫困群体实施脱盲再教育。推进深度贫困村卫生室改善基础设施、规范人员配备、强化制度管理、美化就医环境，着力解决深度贫困地区群众看病远、看病难、看病贵问题，深度贫困村卫生室实现了规范化建设。

另外，对"病、残、老"等特殊贫困群体，全面完成城乡低保年度核查及提标工作，2018 年全省农村低保平均标准提高到 3908 元 / 年，各地均已按新标准兑现了低保金；稳步提高特困人员救助供养基本生活水平，各地均按当地 2018 年城市低保标准的 1.3 倍至 1.6 倍确定特困人员基本生活标准，全省特困人员救助标准已提高到 837 元 / 月；强化社会救助与易地扶贫搬迁有效衔接，将 7.2 万易地扶贫搬迁困难群众纳入城乡低保保障。出台《关于深入推进深度贫困地区和特殊贫困群体民政兜底脱贫工作的实施意见》，启动打赢残疾人脱贫攻坚战三年行动。

（三）推进脱贫攻坚创新

1. 推进大数据与大扶贫深度融合

建立数据共享交换调度机制，不断完善扶贫大数据云平台，实现对全省扶贫工作的精准、动态、科学管理。目前平台系统注册用户已突破 38 万人，日均访问量 55 万人（次）以上，整合 25 家省直部门各类扶贫指标 278 项、2300 余万条，实现对 764 万人建档立卡贫困人口、66 个贫困县、20 个极贫乡镇、2760 个深度贫困村的动态监测。

2. 颁布实施《贵州省大扶贫条例》《贵州省精准扶贫标准体系》

2016 年 9 月 30 日，《贵州省大扶贫条例》在贵州省十二届人大常委会第二十四次会议上审议通过，这是我国第一个用"大"字推出的地方性法规条例。《贵州省大扶贫条例》是我国扶贫攻坚以来的一个标志性典范，是推动扶贫工作强有力的法规范本，并作为全国扶贫开发工作的经验范本。2018 年 8 月 14 日，在充分总结我省精准扶贫成功经验和实践积累成果的基础上，系统梳理产业扶贫、农村"组组通"硬化路、易地扶贫搬迁、教育医疗住房"三保障"、党建扶贫等精准扶贫政策和工作内容，正式对外发布了《贵州精准扶贫标准体系》，贵州成为全国第一个发布《精准扶贫标准体系》的省份。

3. 开展扶智扶志"双扶"活动

贵州在推进"三农"工作中，创新性地兴办了新时代农民讲习所，创造性地运用于实际工作，促进了乡村振兴战略的实施。2017 年 10 月 19 日，习近平总书记在参加党的十九大贵州代表团讨论时指出："新时代的农民讲习所是一个创新。"新时代农民讲习所是培育新型职业农民的重要平台，依托新时代农民讲习所，对农民开展法治教育、德育教育、励志教育，进一步激发了贫困群众发展生产、脱贫致富的主动性。兴办新时代学习大讲堂，制度化、常态化开展专题知识讲座，实现了脱贫攻坚干部全员培训。

4. 表彰先进激励斗志

2019 年，集中推出我省具有较强时代性、真实性、代表性、群众性，涵盖不同行业、不同领域的"脱贫攻坚群英谱"，隆重开展脱贫攻坚"七一"表彰活动，对 500 名"全省脱贫攻坚优秀共产党员"、300 名"全省脱贫攻坚优秀基层党组织书记"、300 名"全省脱贫攻坚优秀村第一书记"、500 个"全省脱贫攻坚先进党组织"进行表彰，激励全省上下坚守初心使命，坚定必胜信心，坚决打赢脱贫攻坚这场背水之战、合围之战、攻坚之战、收官之战、荣誉之战。

5. 开展"法治扶贫"

启动"贵州省法律援助精准扶贫项目"，选派 20 家律师事务所定点帮扶 2 个贫困县和全省 20 个极贫乡镇，为贫困乡镇脱贫提供法律护航。每年招募一批"法治扶贫"律师志愿者，派遣到部分边远贫困地区和律师资源紧缺地区，与"法律援助精准扶贫"共同形成"法治扶贫"双引擎。

6. 组织领导、顶层设计实现"两个率先"

2014 年贵州省率先出台《关于贯彻落实＜关于创新机制扎实推进农村扶贫开发工作的意见＞的实施意见》《贵州省贫困县扶贫开发工作考核办法》《贵州省财政专项扶贫资金项目管理暂行办法》，得到中央领导同志和国务院扶贫办的充分肯定，并在全国进行推广。率先实现对全省贫困村、贫困户驻村帮扶的"两个全覆盖"，每年选派 5.6 万余人，1.1 万余个驻村工作组，赴全省 11 590 个村开展驻村帮扶全覆盖工作。

7. 深入实施"四在农家·美丽乡村"基础设施建设六项行动计划

全面启动实施乡村振兴战略，"四在农家·美丽乡村"小康行动完成投资 802 亿元，涌现出了"大关精神""则戎之路""晴隆模式""六盘水'三变'经验"等一批典型范例。

脱贫攻坚的贵州范例

大关精神：黔南布依族苗族自治州罗甸县大关村在层峦叠嶂、岩石裸露、"土稀如金、水贵如油"的喀斯特山区。1984年，刚上任的村党支部书记何元亮决心带领村民改变家乡贫穷落后的面貌。从1984年到1997年，他和村支两委班子一道，将愚公移山大无畏精神同实事求是的科学态度相结合，不等不靠，带领全村男女老少，一干就是13年。锤敲锄挖，肩挑背扛，流血流汗，在石旮旯里造出1000多亩保灌农田，让大关村人彻底摆脱了贫困，创造了"自力更生、艰苦奋斗、坚忍不拔，苦干实干"的"大关精神"。

则戎之路：黔西南布依族苗族自治州兴义市则戎乡干部群众20多年坚持不懈地与恶劣环境、贫困落后抗争，年复一年"猛攻千古石，细抠万年土"，将几千亩乱石山改造成花果山、米粮川，靠自己的双手和坚忍不拔的精神实现了加强脱贫致富的进程，被誉为"则戎之路"。

晴隆模式：黔西南布依族苗族自治州晴隆县经过10年摸索，形成种草涵养水土、养畜增加收入、发展防灾避灾产业，创新草地畜牧业生态建设与扶贫开发并举、可持续发展、科学发展的典型，实现经济与人口、资源、环境协调发展，得到国务院扶贫办和中国畜牧专家肯定，被誉为"晴隆模式"，借鉴这一模式，贵州将发展草地生态畜牧业的县扩大到43个，国务院扶贫办将"晴隆模式"推向中国南方8个省区。

六盘水"三变"经验：2014年以来，六盘水在坚持土地公有制性质不改变、耕地红线不突破、农民利益不受损的前提下，开展的"资源变资产、资金变股金、农民变股东"的农村"三变"改革探索，通过集体资源调动政府资源、政府资源撬动社会资源的"双轮驱动"，有效活化了要素资源，实现"产业连体""股权连心"，促进了农业增效、农民增收、农村增绿。2017年9月，经国家农业部批复，增补贵州省六盘水市为全国农村改革试验区，主要承担农村"三变"改革试验任务。

第三节　全面推进贵州乡村振兴战略

乡村振兴战略是党的十九大提出的一项重大战略，是关系全面建设社会主义现代化国家的全局性、历史性任务，实施乡村振兴战略是开启全面建设社会主义现代国家新征程的必然选择。乡村振兴与脱贫攻坚要同步推进，找好结合点，编好麻花辫、打好组合拳，让农业强起来、农村美起来、农民富起来。贵州于 2018 年 3 月 17 日出台《关于乡村振兴战略的实施意见》，对推进乡村振兴战略进行了全面部署，勾画了脱贫攻坚的贵州愿景。

一、乡村振兴的美好愿景

（一）产业兴旺

产业兴旺是实施乡村振兴的基础和保障。产业兴旺必须尊重农业特点和乡村发展规律，避免产业单一化，实现多业并举，通过发展特色农业、乡村手工业、融合产业，综合利用农业资源和乡村社会文化资源，充分挖掘农业和农村的多种功能和价值，促进乡村经济多元化发展，提高农民收入，满足农民的多样化需求。

2017 年赤水市成为贵州首个脱贫摘帽的贫困县，图为赤水市金钗石斛育苗大棚

（二）生态宜居

建设生态宜居新农村是实施乡村振兴的重要内容。农村的发展要建立在绿色低碳环保、可持续发展的基础之上，优先发展绿色生态新农业、新产业，培育新的产业形态，建设村容整洁生态美的宜居新农村。

（三）乡风文明

推进乡风文明建设是实施乡村振兴的精神所在和有力保障。要培育文明乡风、良好家风、淳朴民风，推进社会公德、职业道德、家庭美德、个人品德建设和诚信建设，增强农民的社会责任意识、规则意识、集体意识和主人翁意识，不断提高乡村社会文明程度。

（四）治理有效

治理有效是实施乡村振兴的有效手段。要建立党委领导、政府负责、社会协同、公众参与、法治保障的现代乡村社会治理体系，扎实推进抓党建促乡村振兴、村级小微权力清单制度、村民自治机制、优化公共服务和行政审批职责、推进农村矛盾纠纷多元化解、深入开展扫黑除恶专项斗争等，并将德治贯穿乡村治理全过程，强化道德教化作用，引导农民向上向善、孝老爱亲、重义守信、勤俭持家，实现家庭和睦、邻里和谐、干群融洽。

（五）生活富裕

生活富裕是乡村振兴战略的奋斗目标。一是要深入实施农村转移劳动力技能培训，促进农村劳动力多渠道就业，提高就业质量，2018 年规范化培训农村劳动力 63 万人；二是要支持发展乡村旅游、手工艺等特色产业，实现乡村经济多元化，拓宽农民增收渠道；三是要推动建立以城带乡、整体推进、城乡一体、均衡发展的义务教育发展机制，全面改善农村薄弱学校基本办学条件；四是要增加乡村医疗卫生服务资源供给，不断提升基层医疗服务和水平不断提升；五是要完善城乡居民基本养老保险制度，落实基本养老保险待遇确定和基础养老金标准正常调整机制；六是要健全农村留守儿童和妇女、老年人以及困境儿童关爱服务体系，构建多层次农村养老保障体系，加强和改善农村残疾人服务。

二、推进乡村振兴的总体要求

（一）指导思想

以习近平新时代中国特色社会主义思想为指导，全面贯彻党的十九大精神和习近平总书记在贵州省代表团重要讲话精神，全面落实中央农村工作会议各项部署，加强党对"三农"工作的领导，坚持稳中求进工作总基调，牢固树立新发展理念，落实高质量发展的要求，统筹推进"五位一体"总体布局①和协调推进"四个全面"战略布局②，大力培育和弘扬新时代贵州精神，坚持把解决好"三农"问题作为全省工作重中之重，坚持农业农村优先发展，按照产业兴旺、生态宜居、乡风文明、治理有效、生活富裕的总要求，加快建立健全城乡融合发展体制机制和政策体系，统筹推进农村经济建设、政治建设、文化建设、社会建设、生态文明建设和党的建设，守好发展和生态两条底线，打好精准脱贫攻坚战，加快推进农村产业发展，加快推进乡村治理体系和治理能力现代化，加快推进农业农村现代化，走中国特色社会主义乡村振兴道路，让农业成为有奔头的产业，让农民成为有吸引力的职业，让农村成为安居乐业的美丽家园。

（二）目标任务

实现贵州乡村振兴，需要紧紧围绕决战脱贫攻坚、决胜同步小康、开启农业农村现代化新征程的整体布局，以"四在农家·美丽乡村"建设为主抓手，远谋近施，分阶段推进。

到2020年，乡村振兴取得重要进展，如期完成脱贫攻坚任务，全省同步实现全面小康，非贫困地区农业农村现代化建设有序推进。农村基础设施明显改善，公路实现组组通，完成新一轮农村电网改造，完成农村厕所改造，森林覆盖率达到60%以上；现代山地特色高效农业持续发展，农业供给水平明显增强；农村居民人均可支配收入达到1万元以上，农村民生保障和社会事业加快发展，城乡居民生活水平差距持续缩小；培育一批产业发展型、乡村旅游型、民族特色型、生态保护型、城郊集约型、文化传承型、康体养生型示范村寨。

到2022年，在社会主义现代化新征程上迈出乡村振兴新步伐。农村生态宜居初步实现，集中供水率超过90%、饮用水水质全部达标，垃圾无害化处理率超过90%，森林覆盖率超过60%；山地现代农业产业体系、生产体系、经营体系建设取得明显进展，农村产业结构持续优化，经济作物占种植业比重、畜牧业占农业总产值比重分别提高到70%、30%；城乡融合发展体制机制初步建立，城乡居民收入比收窄到3:1以下，基本公共服务均等化水平进一步提高；乡村治理体系进一步完善，治理能力现代化水平明显提升。

---

① "五位一体"总体布局是指经济建设、政治建设、文化建设、社会建设和生态文明建设五位一体，全面推进。
② "四个全面"，即全面建成小康社会、全面深化改革、全面依法治国、全面从严治党。

社会主义新农村——遵义市播州区枫香镇花茂村

到 2035 年，全省乡村振兴取得决定性进展，农业农村现代化基本实现。

到 2050 年，实现乡村全面振兴，农业强、农村美、农民富全面实现。

（三）基本原则

1. 坚持党管农村工作

毫不动摇地坚持和加强党对农村工作的领导，健全党管农村工作领导体制机制和党内法规，确保党在农村工作中始终总揽全局、协调各方，为乡村振兴提供坚强有力的政治保障。

2. 坚持农业农村优先发展

把实现乡村振兴作为全省上下的共同意志、共同行动，做到认识统一、步调一致，注重协同性、关联性，在干部配备上优先考虑，在要素配置上优先满足，在资金投入上优先保障，在公共服务上优先安排，加快补齐农业农村短板，推进乡村全面振兴。

3. 坚持农民主体地位

充分尊重农民意愿，切实发挥农民在乡村振兴中的主体作用，调动广大农民的积极性、主动性、创造性，把维护农民群众根本利益，促进农民共同富裕作为出发点和落脚点，促进农民持续增收，不断提升农民的获得感、幸福感、安全感。

4. 坚持城乡融合发展

坚持全面深化改革，坚决破除束缚城乡要素自由流动、束缚农村生产力发展的体制机制弊端，推动新型工业化、信息化、城镇化、农业现代化同步发展，加快形成工农互促、城乡互补、全面融合、共同繁荣的新型工农城乡关系。

5. 坚持生态优先绿色发展

牢固树立和践行绿水青山就是金山银山的理念，全面落实节约优先、保护优先、自然恢复为主的方针，统筹山水林田湖草系统治理，严守生态保护红线，以绿色发展引领乡村振兴。

6. 坚持因地制宜突出特色

科学把握乡村的差异性和发展走势分化特征，做好顶层设计、注重规划先行，把握主要抓手、推广成功模式，尊重基层首创、重视典型引路，划分发展类型、实行分类指导，久久为功，扎实推进。

三、乡村振兴战略的基本要求

（一）完成六大任务

一是坚决打好精准脱贫攻坚战，全面夯实乡村振兴基础，要求把摆脱贫困作为乡村振兴的首要任务，聚焦深度贫困地区持续打好四场硬仗，激发贫困人口内生动力。二是大力推进农村经济结构调整，实现乡村产业兴旺，强调调整优化农业产业结构，坚定不移强龙头创品牌带农户，促进农村产业融合，推进科技兴农质量兴农，拓宽农产品销售渠道。三是大力推进农村人居环境治理，加快建设美丽乡村，推动农村基础设施提档升级，改善农村人居环境，统筹山水林田湖草系统治理，加强农村面源污染治理。四是大力发展农村社会事业，促进城乡基本公共服务均等化，强调大力促进农村劳动力就业创业和农民增收，优先发展农村教育事业，加快推进健康乡村建设，加快完善农村社会保障体系。五是大力发展优秀乡村文化，不断提高乡村文明程度，强调加强农村思想道德建设，传承发展提升农村优秀传统文化，加强乡村公共文化建设，开展农村精神文明建设。六是大力加强农村基层基础工作，创新乡村治理体系，明确加强农村基层党组织建设，深化农村自治实践，加强农村法治建设，提升乡村德治水平，建设平安和谐乡村等。

（二）强化四大保障

一是大力推进以农村"三变"为统揽的各项改革，强化乡村振兴制度保障，要求深化农村"三变"改革、巩固和完善农村基本经营制度、深化农村土地制度改革、推进农村集体产权制度改革、统筹推进农业农村其他改革。二是大力建设高素质农村人才队伍，强化乡村振兴智力支撑，明确大力培育新型职业农民，加强农村专业人才队伍建设，发挥科技人才支撑作用，鼓励社会各界投身乡村建设。三是大力拓宽资金筹集渠道，强化乡村振兴投入保障，强调确保财政投入持续增长，多渠道拓宽社会投资渠道，提高金融服务乡村水平。四是大力加强党的领导，夯实乡村振兴组织保障，要求完善农村工作领导体制机制，加强"三农"工作队伍建设，制定实施乡村振兴战略规划，强化乡村振兴法治和舆论保障。

微人物：时代楷模——黄大发

黄大发，1935年11月出生，中共党员，曾任贵州省遵义市播州区平正仡佬族乡草王坝大队大队长、村长、村支部书记，现任团结村名誉村支书。2017年4月25日，中央宣传部授予黄大发"时代楷模"荣誉称号；5月13日，贵州省委授予黄大发"全省脱贫攻坚优秀共产党员"称号；9月，获得"2017年全国脱贫攻坚奖奋进奖"。2018年3月1日，黄大发荣膺感动中国2017年度人物。

草王坝曾经流传一句话："山高石头多，出门就爬坡，一年四季包谷沙，过年才有米汤喝。"因为缺水，全村种的是包谷洋芋，吃不上白米饭，只能吃包谷沙，男人娶不上媳妇。黄大发就决心为村民干四件事。一是引水，二是修路，三是通电，四是办学校。从20世纪60年代起，他带领200多名群众，历时30余年，靠着锄头、钢钎、铁锤和双手，硬生生在绝壁上凿出一条长9400米、地跨3个村的"生命渠"，结束了当地长期缺水的历史，使草王坝每年粮食产量从原来的6万斤增加到近百万斤，这条渠被群众亲切誉为"大发渠"。他带领群众发扬自力更生精神，改变了当地贫穷落后的面貌，用实际行动践行了新时期愚公移山精神。

✎ 微故事："人民小酒"的故事

"黔山岩博秀，小酒留余香。大国有大梦，时代正芬芳"。余留芬是贵州省六盘水市盘州市淤泥乡岩博联村党委书记，"人民小酒"就是她带动村民脱贫致富的一个代表产品。

10多年前的岩博村还是一个全村路不通、水不通、年人均收入不足800元、三分之一村民没过温饱线、村级债务缠身的贫困村。2001年，担任岩博村村支书的余留芬，为带领村民致富，将私人酿酒小作坊收购为集体所有，更名为岩博小锅酒厂。酒厂建立后，为保证"小锅酒"的高标准品质，岩博人一直坚持使用传统的土坛发酵，采用独特的小锅杉木甑子酿造和天锅循环水冷却工艺，同时还邀请国酒大师季克良担任酒业顾问。

党的十九大期间，余留芬曾向习近平总书记汇报脱贫工作，还特别提及村里生产的"人民小酒"，一时间，新闻媒体广泛关注，使之迅速走红。更重要的是，围绕"人民小酒"的发展，岩博村辐射有机肥加工、饲料加工、畜禽养殖、火腿加工等产业，优化衍生产品，完善产业链，从而带动更多村民致富。如今的岩博村发生了翻天覆地的变化，村集体资产达到6200万元，人均纯收入15 457元，拥有大小车辆160多辆；村民组入户道路全部硬化，家家住上漂亮楼房，保持森林覆盖率达70%，步入了百姓富、生态美的新时代。

第二章　山川秀丽的自然生态

贵州山川秀丽、气候宜人、资源富集、发展潜力巨大，境内山峦起伏，地貌类型复杂，冬无严寒、夏无酷暑，自然资源丰富，区域差异明显，正在建设生态文明国家级试验区，被誉为"山地公园省·多彩贵州风"。

第一节　生态类型多样的自然环境

自然环境是指环绕人类周围的各种自然因素的总和，如大气、水、植物、动物、土壤、岩石矿物、太阳辐射等。这些是人类赖以生存的物质基础，通常把这些因素划分为大气圈、水圈、生物圈、土壤圈、岩石圈 5 个自然圈。这里所描述的贵州自然环境，主要是指那些直接和间接影响人类社会的自然条件。

 贵州地理位置

　　贵州省位于东经 103°36′～109°35′、北纬 24°37′～29°13′ 之间，全省国土面积为 17.62 万平方千米，占全国总面积的 1.8%。东西距离 595 千米，南北距离 509 千米。东与湖南交界，北与四川和重庆相连，西与云南接壤，南与广西毗邻。

一、喀斯特地貌典型发育的地貌特征

贵州地貌以高原山地为主，平均海拔在 1107 米，素有"八山一水一分田"之说，是一个海拔较高、纬度较低、喀斯特地貌[①] 典型发育的山区。贵州地势西高东低，又自中部向北、东、南三面倾斜，呈三级阶梯分布。第一级阶梯在西部大方、织金、普安等地以西，平均海拔 1500 米以上；第二级阶梯从大方、织金、普安一线向东到沿河、思南、江口、三穗、锦屏、榕江等地以及南部荔波、罗甸的北界这一线的中间广大地区，海拔 800～1500 米；第三级阶梯是沿河、思南、江口、三穗、锦屏、榕江及荔波、罗甸北界一线的东部和南部边缘地区，平均海拔 800 米以下。贵州地势起伏较大。从面上看，最高地区是西部的威宁彝族回族、苗族自治县，平均海拔 2166 米，最低地区是东部的玉屏侗族自治县，平均海拔 541 米，最高地区与最低地区海拔相差 1625 米。从点上看，贵州最高点在西部赫章县的韭菜坪，海拔 2901 米，最低点在东南部黎平县地坪乡水口河出省处，海拔只有 148 米，最高点与最低点海拔相差 2753 米。

（一）地貌特征

贵州的地貌特征表现为喀斯特地貌典型发育。喀斯特地貌出露面积达 10.91 万平方千米，占全省土地总面积的 61.9%。碳酸岩总厚度达 6200～11000 米，占沉积盖层总厚度的 70%。贵州近 80% 的县（市、区）喀斯特地貌面积占本地区土地面积的一半以上，甚至有 10% 的县（市、区）喀斯特地貌面积占本地区土地面积的 90% 以上。所以贵州地面上广泛分布了石沟、石牙、峰林、峰丛、盲谷、穿洞、竖井、凹地、天生桥、落水洞、瀑布、跌水、悬挂泉、喀斯特湖等千姿百态的喀斯特地貌。地下也发育了溶洞、暗河、伏流、暗湖以及石钟乳、石笋、石柱、石花、石幔、石瀑布、莲花盆、卷曲石等形态各异的喀斯特景观，体现出完整的喀斯特地貌特征。

（二）地貌类型

贵州地貌深受地质构造控制，山脉高耸、切割强烈、岭谷高差明显，地貌类型主要以高原山地、丘陵和盆地 3 种类型为主。其中 92.5% 的面积为高原山地（包括山原山地）和丘陵，山间小盆地（俗称坝子）仅占 7.5%。山原主要是由起伏的高原受河流侵蚀切割而成，有相当一部分是岩溶作用形成的岩溶山原。山地成因各异，按海拔高度，可分为海拔 900 米以下

[①] 喀斯特地貌即岩溶地貌。"喀斯特"一词来源于前南斯拉夫的喀斯特高原，因为那里是世界上第一次用科学方法系统研究类似地貌的地方。

的低山、海拔 900～1600 米的中低山、海拔 1600～1900 米的中山、海拔 1900～2900 米的高中山。丘陵常分布在高原的边缘和高原面上，呈孤立状、垅岗状或丛聚状。盆地（坝子）形态多样，按其海拔高度可分为海拔 900 米以下的低盆地、海拔 900～1900 米的中盆地、海拔 1900 米以上的高盆地，这些盆地散布于贵州各地，它们的共同特征是规模都不大，面积超过万亩的大坝子为数不多。贵州境内山脉众多、层峦叠嶂、绵延纵横，是一个典型的山区。

 贵州重要山脉 ···

北部有大娄山，海拔 1000～1500 米。山脉呈东北至西南走向斜贯北境，是赤水和乌江的分水岭。其上有"一夫当关，万夫莫开"的川黔要隘娄山关，海拔 1444 米，人称黔北第一险要，自古以来就是兵家必争之地，也留下了中国工农红军娄山关大捷的遗迹。

东北部有武陵山，山脉由湖南蜿蜒进入贵州，这是乌江和沅江的分水岭。主峰为梵净山，海拔 2572 米，属于国家级自然保护区，是联合国"人与生物圈保护区网"成员，是中国亚热带生态系统保护较为完整的地区之一。

西部有乌蒙山，山脉绵延于威宁彝族、回族、苗族自治县、赫章县、水城县、六枝特区，为北盘江、乌江、赤水河、牛栏江的分水岭。最高峰是贵州屋脊韭菜坪，海拔 2901 米。这里不仅具有"一览众山小"的浓郁高原风光，而且石林与草场相互环绕，交相辉映，造型各异，风姿迥然，人们称其为"天上石林"。

中部有苗岭，山脉呈东西走向横亘贵州中南部，是长江流域和珠江流域的分水岭。主要山脉是雷公山，海拔 2178 米，山体巍峨挺拔，雄伟壮观，森林苍翠，溪水透明。这里的原始森林茂密，是世界十大森林旅游胜地之一，拥有秃杉、红豆杉等 20 多种国家濒危、珍稀植物，被誉为中亚热带宝贵的"物种基因库"。

···

（三）地貌区域差异

由于受到岩石性质、地质构造和自然力的影响，贵州地貌区域差异明显。

1. 东部山地丘陵区

范围包括梵净山、雷公山以东地区。地势东高西低，除梵净山、雷公山外，海拔大都在 800 米以下。区域内沟岩发育、水网密集，地表分割破碎，山地和丘陵地貌显著。该区域宜于发展农业，但部分地区水土流失严重。

2. 北部中山峡谷区

范围包括大娄山以北地区。地势南高北低，海拔在 800 ～ 1200 米之间。以中山峡谷地貌为主，丘陵、盆地、岩溶洼地也有零星分布。该区域宜于发展林业，但河水与地下水较难利用。

3. 中部山原丘陵盆地区

范围包括黔西、织金以东，黄平以西，绥阳以南和镇宁、惠水以北地区。地势自西向东和自中向南、北倾斜，地貌类型以山原丘陵洼地和山原丘陵盆地为主，大部分地区起伏和缓，面积较大的坝子较多，是贵州的粮食和经济作物主产区。

4. 南部山地河谷区

范围包括苗岭中段以南的地区。地势北高南低，北部海拔 1200 ～ 1500 米，南部红水河一带海拔 300 ～ 400 米。地貌以中、低山河谷为主。该区域适宜于发展亚热带作物和林木。

5. 西南部山原丘陵地区

范围包括普安以南，望谟以西，南盘江以北地区。地势北高南低、西高东低。北部海拔 1500 ～ 2000 米，南部南盘江、北盘江河谷地带海拔 400 米，西部海拔 1400 ～ 1800 米，

绿水青山的北盘江大峡谷

东部海拔 800 米以下。地貌类型大部分地区为石灰岩丘陵盆地和峰丛横谷，岩溶湖（海子）分布较广。该区域宜于农、林、牧业的发展。

6. 西北部山原山地区

范围包括盘州、晴隆以北，黔西、织金以西地区。地势西高东低，海拔 1400 ～ 2400 米，最高峰达 2901 米，相对高差一般为 400 ～ 700 米，是全省最高地区。除西北部和西部外，大部分地区山高坡陡，地势起伏较大，是典型的山原山地地貌。该区域林牧业发展潜力较大，但水土流失严重。

二、冬无严寒、夏无酷暑的宜人气候

贵州的气候温暖湿润，类型多样，属于亚热带湿润季风气候①类型。贵州位于中国季风区，纬度偏低，受夏季风影响强烈，所以大部分地区气候温暖湿润，加上山地自然条件和森林植被茂密等因素的影响，形成了冬无严寒、夏无酷暑的宜人气候。

（一）气温

贵州在全国的温度带划分中属于亚热带范围。由于海拔较高，纬度较低，因此受纬度、地形和大气环流的影响，表现为冬温较高，夏温较低，大部分地区年平均气温在 10℃ ～ 20℃，冬无严寒，夏无酷暑。南部、北部和东部河谷地带为高温区。南部的红水河和南盘江、北盘江河谷地带，年平均气温在 20℃ 左右，是省内气温最高的地区；东南部的都柳江和北部的赤水河河谷地带，年平均气温在 18℃ 左右；东部的其他河谷地区，年平均气温在 16.5℃ 左右；西北部地势较高地带为低温区，年平均气温在 12℃ 左右，海拔 2400 米以上的地区年平均气温在 8℃ 以下；其余广大地区年平均气温在 14℃ ～ 16℃。

贵州的气温年变化幅度较小。冬季最冷的 1 月平均气温在 3℃ ～ 6℃ 之间，南部册亨、望谟、荔波在 8℃ 以上，罗甸平均气温最高，达 10.1℃；威宁、大方、开阳、万山等地的平均气温最低，为 1.5℃ ～ 2℃。夏季最热的 7 月平均气温在 22℃ ～ 26℃，为典型的夏凉地区，温度最高的是东北部乌江和北部赤水河河谷地带，平均气温在 28℃ 左右；海拔 1800 米以上的地区平均气温在 20℃ 以下；威宁一带低于 18℃。大部分地区气温年变化幅度在 20℃ 左右。

---

① 季风气候就是随着冬夏季节的变化而明显改变风向的气候。由于中国位于欧亚大陆东部、太平洋西岸，东部和南部大部分地区夏季主要受来自太平洋和印度洋的东南季风和西南季风影响，温暖湿润。冬季受来自内陆的西北季风影响，寒冷干燥。

（二）降水量

贵州距离南海较近，处于冷暖空气经常交锋的地带，降雨量多，年降水量多在 1100～1300毫米，属于湿润地区①。贵州的降水可分为三个多雨区和两个少雨带，多雨区降雨量均在1300毫米以上。第一个多雨区在苗岭西段南坡，雨量最多的是晴隆，年降雨量达1588.2毫米；第二个多雨区在苗岭东段南坡，雨量最多的是丹寨，年降雨量达1505.8毫米；第三个多雨区在东北部武陵山的东南坡，中心区的降雨量在1400毫米以上。在三个多雨区之间就是少雨带，贵州雨量最少的是威宁、赫章、毕节一带，年降水量在800～900毫米左右，其中赫章最少。

贵州各地常年雨量充沛，年降雨量比蒸发量大。各地降雨量年变化较小，但一年中各时期变化较大，常出现一段时期干旱少雨，一段时期却大雨或暴雨连绵不断的情况。贵州雨季每年4月上旬到5月上旬自东向西到来，6—7月雨量最大，此时正值高气温、多光照时期，水、热、光基本同步，对农作物生长十分有利。

（三）日照

贵州由于地处冷暖空气经常交锋的地带，加上特殊的地形条件，就形成了阴雨多、日照少的独特天气。年日照时数多在800～1600小时，比同纬度的东部地区要少三分之一左右，还不及青藏高原的一半。在空间分布上，日照西部多、东部少，西部的威宁、盘州等地，大多数时候阳光普照，而北部大娄山区的遵义、务川一带，整月不见太阳直射光却是常事。在时间分布上，一年中夏季日照时数最多，春季次之，冬季最少。每年9月中下旬，秋雨可连续下10～20天。大部分地区阴雨日数超过150天，年相对湿度高达70%～80%，而且一年四季几乎没有什么变化。

（四）气候的地域差异及类型

贵州地面起伏较大，加上太阳辐射和大气环流的影响，使得气候垂直变化明显，地域差异显著，全省可分为南亚热带、中亚热带、北亚热带、暖温带和中温带气候类型。南亚热带在红水河和南、北盘江河谷地带，年平均气温在19℃以上，几乎长夏无冬，农作物可一年三熟，适宜栽种多种喜温亚热带经济作物；中亚热带在东、南、北三面地势较低的河谷地带，热量

---

① 根据中国的干湿地区划分，年降水量800毫米以上是湿润地区，400～800毫米是半湿润地区，200～400毫米是半干旱地区，200毫米以下是干旱地区。

资源比较丰富，冬暖而夏热，农作物可一年两熟或三熟，适宜发展多种亚热带经济作物；北亚热带为黔北、黔中和黔西南海拔 1000 米左右的广大地区，冬暖夏凉，农作物可一年一熟或两熟，适种性广，这是贵州的主要气候类型；暖温带在黔西北海拔 1700～2400 米之间的地区，冬冷而夏凉，可种植荞麦、马铃薯等喜凉耐寒作物；中温带为黔西北海拔 2400 米以上的地带，几乎长冬无夏。

贵州气候的地域性差异常表现在水平距离不远但地形起伏较大的山区，山顶与山脚海拔常相差一两千米，气温随着海拔的升高而降低（根据气温垂直变化规律，海拔每升高 1000 米，温度下降 6℃），从而使立体气候特征明显，垂直差异显著，常被形容为"一山有四季，十里不同天"。

总的说来，贵州的气候特征表现为冬无严寒、夏无酷暑、气候宜人。根据中国气象学会评审和各地口碑调查评选，从 2006 年起，贵阳市、六盘水市、兴义市、都匀市和安顺市均居"中国避暑旅游城市排行榜"前列，贵阳市连续数年被评为"中国避暑之都"。2018 年全省中心城市空气质量优良天数比例达到 97.2%。

（五）气象灾害

贵州气候总体情况良好，但也存在气象灾害。主要的灾害性天气有干旱、秋风、凝冻、冰雹，以及倒春寒、秋绵雨、暴雨和大风等。干旱是省内危害最大的气象灾害，夏旱突出，春旱次之。夏旱常发生在东北部、东部和北部。春旱主要发生在西部，北部也时有发生，其他地区相对较少。秋风是 8—9 月间影响水稻正常生长的低温冷害，全省除地势低洼而封闭的河谷之外，都有不同程度的秋风危害。凝冻是因冬季地面冻结影响交通运输、通信以及农牧业生产的灾害性天气，贵州高海拔地区每年都有凝冻出现。冰雹是圆球形或圆锥形的冰块，直径一般为 5～50 毫米，常砸坏庄稼，威胁人畜安全，是一种严重的灾害性天气，春夏之交，贵州各地都有不同程度的冰雹发生，历时短，但破坏性强。

三、处于长江和珠江上游的河流水系

贵州位于长江和珠江两大流域上游，境内河流众多，水资源丰富，多年平均降水量 1200 毫米左右；多年平均径流量 1062 亿立方米，占全国的 3.74%，居全国第九位；人均占有水资源 2704 立方米，居全国第十位。长度在 10 千米以上的河流有 984 条。流域面积在 1 万平方千米以上的河流有乌江、六冲河、清水河、赤水河、北盘江、红水河（包括上源

世界自然遗产——中国南方喀斯特（贵州荔波）

南盘江）、都柳江7条。河流多发源于西部和中部山地，顺地势向北、东、南三面分流。以苗岭为分水岭，苗岭以北属长江流域，流域面积为11.57万平方千米，占贵州总面积的65.7%，有牛栏江横江水系、乌江水系、赤水河綦江水系和沅江水系四大水系；苗岭以南属珠江流域，流域面积为6.04万平方千米，占贵州总面积的34.3%，有南盘江水系、北盘江水系、红水河水系和都柳江水系四大水系。贵州地下河流也较多，已探明的有1097条，较大的地下河系有23个，主要类型是岩溶水，具有很好的开发价值。

 贵州重要水系 --

　　牛栏江横江水系：牛栏江干流发源于云南省，在贵州境内长79千米，流域面积2014平方千米，最终汇入长江上游金沙江。横江干流发源于贵州威宁彝族回族苗族自治县羊街镇，在贵州境内长120千米，流域面积2874平方千米，自南向北流经云南后汇入金沙江。

乌江水系：乌江干流在贵州境内长 889 千米，流域面积 6.68 万平方千米，是贵州最大的河流。乌江水系水量丰富，河口多年平均流量达 1690 立方米 / 秒，其多年平均径流量达 549 亿立方米，与黄河的水量相当。乌江水系的水力资源尤为突出，是国家重点开发的十三大水电基地之一。

赤水河綦江水系：赤水河干流在贵州境内长 299 千米（全长 378 千米），流域面积 1.14 万平方千米，流域内有国家级桫椤自然保护区、赤水国家重点风景名胜区和竹海国家森林公园等；茅台酒、习酒、郎酒等中国名酒都产于河流两岸；也留下了中国工农红军四渡赤水的足迹，具有"生态河""美酒河""历史河"的美誉。綦江的上游是贵州境内的松坎河，从源头至重庆市綦江县的赶水镇后称綦江，贵州境内长约 80 千米，中下游流经重庆市南部。

沅江水系：沅江发源于贵州中部，从东部出省后经湖南省、湖北省汇入洞庭湖，全长 1022 千米。贵州境内流域面积 3.03 万平方千米，主要支流有清水江、潕阳河、锦江等。流域内水资源较丰富，生态环境良好，有潕阳河国家级重点风景名胜区、梵净山国家级自然保护区和雷公山国家级自然保护区以及雷公山国家森林公园和黄平阳湖国家森林公园等。

南盘江水系：南盘江干流在贵州境内长 263 千米，流域面积 7651 平方千米，流经兴义、安龙、册亨、兴仁、普安、盘州 6 县（市）。

北盘江水系：北盘江干流在贵州境内长 318 千米，流域面积 2.10 万平方千米，流经威宁、水城、兴仁、紫云、镇宁、关岭、普定、西秀等 16 个县（市、区），流域内有世界闻名的黄果树瀑布、龙宫等自然景观。

红水河水系：南、北盘江汇合后称为红水河，在贵州境内流域面积 1.60 万平方千米，涉及贵阳市和望谟、罗甸、惠水、长顺、平塘、独山、都匀、紫云、安顺、贵定、平坝 11 个市（县）。

都柳江水系：都柳江干流在贵州境内长 330 千米，流域面积 1.16 万平方千米。其主要支流有寨蒿河、平江和双江。

四、类型多样、肥力不高的土壤条件

贵州土壤有砖红壤性红壤、红壤、黄壤、黄棕壤、山地灌丛草甸土等地带性土壤和石灰土、紫色土等非地带性土壤，以及水稻土和旱作土等耕作土壤。在各类土壤中，黄壤面积最大，占贵州总面积的 38.6%；其次是石灰土，占贵州总面积的 24.4%；最少的是水稻土。

黄壤主要分布于贵州中部、北部、东部海拔 700～1400 米和西南部海拔 900～1800 米之间的广大地带，具有弱度脱硅富铝化作用，心土呈蜡黄色，酸性反应，适宜杉树、油菜、茶树等酸性植物生长，垦耕后适宜种植玉米、油菜、小麦、烤烟等作物。石灰土广泛分布于石灰岩地区，以中、南部分布最广，呈中性或偏碱性反应，富含钙和腐殖质，结构良好，适宜柏树、乌桕、杜仲和棕榈等植物生长，垦耕后适种性广，特别是玉米和豆类。水稻土是贵州主要的耕作土之一，总量少，但零星分布广泛，黔东最为集中，呈酸性至中性反应，适宜水稻等耕作业发展。对农业生产来说，贵州土壤条件不好，具有类型多样、地域性较强、宜林地多、可耕地数量少、质量不高、喀斯特土地面积大、生态脆弱的特点。

（一）山地丘陵多、平坝地小，宜林地广、耕地少

贵州是全国唯一没有平原支撑的省份。全省土地总面积中，耕地占农用地面积的 30.68%；园地占农用地面积的 0.78%；林地占农用地面积的 51.81%；牧草地占农用地面积的 10.51%；其他农用地占农用地面积的 7.42%。这样的土壤条件，加上人口增多，非农业用地扩大，耕地面积不断缩小，导致贵州人均耕地面积远低于全国的平均水平。

（二）耕地质量较差，中低产田土面积大

贵州耕地不仅面积小，且质量不高。土地平均坡度 21.5°，坡度大于 25° 的土地占贵州土地面积的 35.07%。在全省耕地中，土层较厚、肥力较高、水利条件较好的一等耕地仅占 22%；土层不厚、土质偏黏、肥力中等、水利条件较差的中等地占 42%；土层浅薄、肥力较低、坡度较大、水土流失严重、无水利条件保证的三等耕地占 36%，中、下等耕地占了耕地总面积的近 80% 左右。

（三）喀斯特土地面积大，生态脆弱，耕地后备资源不足

贵州山高坡陡，喀斯特面积主要是由碳酸盐类岩石组成，其特点为坚硬、抗风化能力强，决定了成土速率低、土层浅薄，植被一旦被破坏，水土流失严重。碳酸盐类岩石在受水溶蚀的情况下易使地块破碎，固体物质中的钙、镁易随水流失，从而导致贵州土壤生态环境脆弱，恢复发展困难。

（四）林牧地质量不均，分布欠平衡

在贵州的林牧用地中，一等地占 17%，二等地占 33%，三等地占 25.3%，四等地占 23.8%，其他占 0.9%。其中，林业用地主要集中在黔东南自治州，其次是铜仁和遵义，毕节和六盘水最少。

草地主要集中在黔东南、黔南、遵义和毕节，其次是铜仁和安顺，六盘水和贵阳最少。

五、种类繁多、分布呈现过渡性的生态植被

贵州植物起源古老，种类繁多。由于地处低纬度亚热带范围，山地面积广大，因此植被亚热带性质明显，并随着海拔和纬度的升高植被类型呈现过渡性变化，具有垂直分布和地带性分布规律。多种类型的土壤生长了多种类型的植被，且相对广泛的石灰岩使得岩溶植被发育，分布错综复杂。贵州的自然植被类型主要分为阔叶林、针叶林、灌丛和灌草丛、沼泽与水生植被和竹林五大类。

（一）阔叶林

阔叶林是以阔叶树种为主要成分的森林植被。贵州高大的山体（如梵净山、雷公山）从山脚到山体中上部依次分布了常绿阔叶林、常绿落叶阔叶混交林和落叶阔叶林。在西部高海拔地区分布有山地硬叶常绿林和落叶阔叶林，在南部及河谷地带分布有山地季雨林和河谷季雨林，在喀斯特丘陵山地分布有喀斯特常绿落叶阔叶混交林。

（二）针叶林

针叶林是贵州森林中分布面积最广、经济价值最高的一类森林植被，主要是松科、杉科和柏科植物。马尾松林广泛分布在贵州东部、中部、北部，云南松林在威宁、水城、盘州、兴义、普安、兴仁等地分布最为集中，杉木林广泛分布在东部地区，柏木林主要分布于石灰岩地区。银杉、秃杉、福建柏、柔毛油杉、黄杉、大明松等国家重点保护的珍贵稀有针叶林在贵州也有分布。

（三）灌丛和灌草丛

灌丛是以灌木组成的植被类型，有杜鹃、油茶、蔷薇、箭竹、南天竹、仙人掌等多种类型。灌草丛是以多年生草本植物为主，其中散生有少量灌木的植被群落，灌草丛有蕨类、白茅、芒、野古草、余甘子等，多为森林植被反复破坏后退化形成。海拔较高的山顶（如梵净山、雷公山）因温度随着海拔的升高而降低，从而生长出小面积的原生性灌丛和灌草丛。

（四）沼泽与水生植被

沼泽在贵州分布不多。原生性沼泽仅在少数海拔较高、山体温度很低的局部低洼积水地段分布，主要是以泥炭藓、大金发藓为主的藓类沼泽。水生植被是在湖泊、河流、水塘环境

下发育的灯心草、水芹菜、浮萍、金鱼藻等植物群落。

（五）竹林

竹林是以禾本科竹亚科多种竹类植物为主构成的一类特殊植被类型。贵州以中亚热带竹林为主，有楠竹（毛竹）、慈竹、斑竹、淡竹、水竹、方竹、箭竹等，其中以楠竹林最为重要，在赤水河及其支流河谷大面积连片分布，形成"竹海"景观。

由于特殊的地理位置和地形原因，贵州植被类型多样，既有亚热带型的地带性植被常绿阔叶林，又有近热带性质的沟谷季雨林、山地季雨林；既有寒温性亚高山针叶林，又有暖性同地针叶林；既有大面积次生落叶阔叶林，又分布有极为稀少的珍贵落叶林。植被在空间分布上又表现出明显的过渡性，从而使各种植被在地理分布上相互重叠、错综复杂、组合多样。

第二节　组合态势良好的自然资源

自然资源泛指天然存在的并有利用价值的自然物，如土地、矿藏、气候、水利、生物、海洋等资源。贵州自然历史悠久，地质结构复杂，形成了类型繁多、组合多样、地方特色鲜明的、丰富的自然资源，尤以能源、矿产、生物、旅游资源得天独厚，最具特色。

一、水煤结合、水火互济、优势突出的能源资源

能源资源是指自然界可供开发利用、能产生能量的物质。贵州能源资源富集，主要由水力资源和煤炭资源组成，形成了水煤结合、水火电互济的能源资源优势。

（一）水能资源

贵州河网密度大，河流坡度陡，天然落差大，产水模数高，水能资源十分丰富。水能理论蕴藏量为 1874.5 万千瓦，居全国第六位。按单位面积占有量计算，每平方千米就有 1069 瓦，是全国平均水平的 1.5 倍，居全国第三位。贵州水能资源的特点是：分布均、造价低、发力高、区位优，特别是水位落差集中的河段多，开发条件优越。

贵州的水能资源主要集中在乌江、南盘江、北盘江、清水江、赤水河上，这四江一河的水位落差集中的河段多，开发条件优越，水能蕴藏量和可开发容量占全省的 80%。其中乌江是中国著名的水能"富矿"，可开发量约占全省总量的一半，而且具有水力发电梯级开发的有利条件，

国家在乌江开发建设的梯级电站中，贵州境内就有洪家渡、普定、引子渡、东风、索风营、乌江渡、构皮滩、思林、沙沱水电站等大中型水电站，装机容量在长江各大支流中居第三位。

（二）煤炭资源

贵州是中国南方煤炭资源最丰富的省区，成煤地质条件好，煤炭资源储量丰富，分布广泛而又相对集中，具有储量大、煤种全、埋藏浅、分布聚、含硫低、组合好的特点，素有"江南煤海"之称。

贵州煤炭资源的理论蕴藏量高达 2400 多亿吨。截至 2018 年，探明贵州煤炭资源储量为 747.84 亿吨，列全国第五位，仅次于山西、内蒙古、新疆和陕西，超过江南 12 个省（市、区）煤炭资源储量的总和。在所蕴藏的煤炭资源中，煤种齐全，质量较好，既有气煤、肥煤、焦煤、瘦煤等炼焦用煤，也有无烟煤、褐煤、贫煤等非炼焦用煤，尤其是可开发利用的优质煤储量丰富，占全省煤炭资源总量的三分之一左右。而且煤炭资源大部分在地表至垂深 600 米之间的位置，埋藏较浅，便于开采。

贵州煤炭分布面积达 7 万多平方千米，全省 88 个县（自治县、市、区、特区）中，有 74 个县（自治县、市、区、特区）产煤，含煤面积占全省总面积的 40% 以上，除东部有少煤、缺煤区外，其他各地多有煤炭产出，相对集中于西部的六盘水市和毕节市，主要在盘州、水城、六枝、织金、纳雍、大方等地；其次在黔北的桐梓、仁怀、习水、遵义；中部的贵阳、安顺及黔南、黔西南也有较多分布。织金、纳雍、大方煤田是贵州最大的无烟煤产区，储量近百亿吨，均为无烟煤，煤种单一，具有发热量高、含硫量低、热稳定性较好等特点，是良好的化工用煤、气化用煤基地，也是中国规模第二大的无烟煤产区；六盘水煤田多为低硫优质炼焦煤，是西南最大的炼焦煤基地。

另外，贵州与煤炭相伴生的煤层气[①]资源也十分丰富。贵州是我国煤层气储量大省，全省 2000 米以内的浅煤层气资源储量达 3.15 万亿立方米，占全国总储量的 10%。煤层气的分布以六盘水煤田最丰，次为织纳煤田与黔北煤田，已成为中国重要的煤层气产区。

贵州是"水煤结合""水火互济"的能源大省，是实施"西电东送"的重要保证，电力建设得到快速发展，到 2018 年末，贵州电网统调装机容量达到 4790.48 万千瓦，发电量达到 2118 亿千瓦时。而且优良的煤质与类型多样的煤种也为发展煤化工、实施"煤变油"工程等提供了资源条件，为贵州实现工业强省奠定了良好的基础。

---

① 煤层气俗称"瓦斯"，是以煤为储层的非常规天然气，是一种洁净的气体能源和宝贵的化工原料。

二、组合良好、开发前景广阔的矿产资源

矿产资源是指富集于地壳或出露于地表，达到工农业利用要求，具有开采价值的物质。贵州成矿地质条件好，矿产资源种类繁多，门类齐全，储量丰富，分布广泛，组合条件好，易于开发，是著名的矿产资源大省。

（一）矿产资源储量

截至2018年，已发现矿种（含亚矿种）137种，其中有88种探明了储量，有54种矿产资源储量排名全国前10位。其中锰矿、重晶石、汞矿、化肥用砂岩、光学水晶、砖瓦用砂岩等资源储量位居全国第一，又是黄金资源的重要基地，还是中国沉积岩分布最广泛的地区之一，水泥用灰岩及配料和多种用途的石灰岩、砂岩等具有较大开发价值。煤炭、磷矿、铝土矿、稀土矿、硫铁矿、钒矿、锑矿等是贵州的优势矿产，为贵州发展能源工业、以磷为重点的化学工业、以铝为主的有色金属工业及建材工业提供了良好的资源基础。

 贵州省矿产资源储量及全国排位表

矿产资源名称	储量	全国排位	矿产资源名称	储量	全国排位
锰矿（万吨）	75 658.10	1	锑矿（万吨）	34.37	4
重晶石（万吨）	12 719.09	1	化工用白云岩（万吨）	2417.00	4
汞矿（万吨）	3.03	1	煤炭（亿吨）	747.84	5
饰面用灰岩（万立方米）	225 514.81	1	钛矿（万吨）	101.71	5
玻璃用灰岩（万吨）	38.70	1	金刚石（克）	755.00	5
化肥用砂岩（万吨）	10 608.61	1	砖瓦用粘土（万立方米）	1448.67	5
光学水晶（千克）	175.00	1	砖瓦用页岩（万立方米）	4161.54	6
砖瓦用砂岩（万立方米）	1774.69	1	镍矿（万吨）	61.94	6
冶金用砂岩（万吨）	8624.29	2	凹凸棒石粘土（万吨）	30.40	6
陶瓷用砂岩（万吨）	1042.5	2	水泥配料用粘土（万吨）	11 501.35	6
饰面用辉绿岩（万立方米）	455.96	2	金矿（岩金）（吨）	489.98	7
硫铁矿（亿吨）	9.17	2	镁矿（炼镁白云岩）（万吨）	11 729.33	7
钒矿（万吨）	589.46	3	玻璃用砂岩（万吨）	5122.83	7

续表

矿产资源名称	储量	全国排位	矿产资源名称	储量	全国排位
稀土矿（万吨）	87.08	3	压电水晶（千克）	6201.00	7
磷矿（亿吨）	42.13	3	含钾砂页岩（万吨）	5084.02	8
铸型用砂岩（万吨）	1734.00	3	钼矿（万吨）	89.64	9
溶炼水晶（吨）	1110.00	3	制灰用石灰岩（万吨）	4785.64	9
铝士矿（亿吨）	10.36	4	玉石（万吨）	2.21	10

（二）矿产资源特点

贵州矿产资源从开发利用的角度，具有五个方面的特点：第一，资源比较丰富，优势矿产显著；第二，分布相对集中，规模大，便于开采；第三，质量较好，主要矿产资源潜力大，远景好；第四，共生伴生矿产较多；第五，资源丰欠不均，部分矿产短缺（石油等）。

贵州蕴藏的丰富矿产资源已成为促进经济发展不可缺少的重要物质基础，特别是为贵州发展以铝、金为主的冶金工业，以磷、重晶石为重点的化学工业和以水泥为代表的建材工业等，提供了充足的资源保障。

三、种类繁多、具有广泛利用价值的生物资源

生物资源是指自然界可供开发利用的具有生命的物体，包括植物资源和动物资源。贵州复杂多样的自然生态环境、温暖湿润的气候条件和多种类型的土壤条件，繁衍了丰富的生物资源，成为生物资源大省。

（一）植物资源

贵州植物资源可分为森林、草地、农作物品种、药用植物、野生经济植物和珍稀植物6类。

1. 森林

截至 2018 年，全省森林面积 1004.16 万公顷，森林覆盖率高达 57.0%（远远高于全国21.66%的平均水平）。森林蓄积量为 4.68 亿立方米。贵州的森林资源按用途分，有防护林、特用林、用材林、经济林和薪炭林。在林种上，乔木林主要是马尾松和杉木，其次是阔叶类树种（包括栎类、桦类、杨树、阔叶混、其他软阔类、硬阔类、经济林树种等），还有一些其他树种。竹林资源主要是毛竹（楠竹）、杂竹等。在经济林资源中，有柑橘、板栗

等果品树；油桐、漆树等工业原料树；花椒等食用原料树；茶叶等饮料树；调香料树、药用树及其他经济树。总体来说，森林资源的分布以黔东南最多，其次是黔南。分布最少的是六盘水和安顺。

全国5A景区——百里杜鹃

2. 草地

贵州有优良牧草资源2500余种，有各类草山草坡427.02万公顷，约占全省土地面积的24.3%。草地最多的是黔南和黔东南，最少的是贵阳和六盘水。以县级行政单位计算，草地最多的是威宁、水城、望谟、黎平、盘州和罗甸。

3. 农作物

贵州农作物品种丰富，栽培的粮食作物、油料作物、纤维植物和其他经济作物近6000个品种。粮食作物以水稻、玉米、小麦、薯类、荞麦为主，豆类有大豆、蚕豆、绿豆、小豆等；油料作物有油菜、花生、芝麻、向日葵等；经济作物有烟叶、茶、甘蔗、蚕桑等；经济林木主要有油桐、油茶、乌桕、漆树、核桃等，"大方生漆""六马桐油"为贵州名优土特产品。

4. 药用植物

贵州是中国著名的四大中药材产区之一，素有"夜郎无闲草，黔地多良药"的美誉。药用植物资源有 4000 余种，占全国中草药品种的 80%，珍稀名贵药用植物有珠子参、三尖杉、扇蕨、冬虫夏草、鸡、艾纳香（天然冰片）6 种。此外，天麻、石斛、杜仲、厚朴、吴萸、黄柏、黔党参、何首乌、胆草、天冬、银花、桔梗、五倍子、半夏、雷丸、南沙参、冰球子、黄精、灵芝、艾粉等 30 多种药材具有"地道中药材"的美称，在国内外市场占有重要地位，其中天麻、杜仲、黄连、吴萸、石斛还被称为贵州五大名药。

5. 野生经济植物

贵州野生经济植物种类繁多，有维管束植物近 6000 种，其中工业用植物约 600 余种，以纤维、鞣料、芳香、油脂植物资源为主；食用植物约 500 余种，以维生素、蛋白质、淀粉、油脂植物为主，其中刺梨、猕猴桃、食用菌等具有较高的营养价值和开发价值，可供绿化、美化环境、抗污染及有观赏价值的园林植物约 240 余种。

6. 珍稀植物

贵州有 74 种珍稀植物被列入国家珍稀濒危保护植物名录。其中，国家一级保护植物有伯乐树、贵州苏铁、辐花苣苔、宽叶水韭、贵州水韭、单性木兰、珙桐、光叶珙桐、梵净山冷杉、银杉、异形玉叶金花、掌叶木、云南穗花杉、红豆杉、南方红豆杉 15 种；国家二级保护植物有苏铁蕨、桫椤、小黑桫椤、光叶小黑桫椤、黑桫椤、齿牙兰桫椤、金毛狗、水蕨、扇蕨、中国蕨、篦子、三尖杉、翠柏、香樟、榧树、十齿花、楠木、鹅掌楸、厚朴、水青树、红椿、龙棕等 59 种。

（二）动物资源

贵州的动物资源分为畜禽品种、野生动物和珍稀动物 3 类。贵州饲养性畜禽包括牛、马、猪、羊、鸡、鸭、鹅、兔等 30 多个品种。地方优良品种主要有关岭牛、思南黄牛、贵州黑白花奶牛、威宁黄牛、黔东南小个子牛、贵州水牛、黔西马、关岭猪、可乐猪、香猪、黔北黑猪、黔东花猪、白洗猪、江口萝卜猪、苏白猪、贵州白山羊、考利代羊、贵州黑山羊、黔北麻羊、威宁绵羊、威宁鸡、矮脚鸡、高脚鸡、从江小种鸡、赤水鸡、贵农金黄鸡、兴义鸭、天柱香鸭、三穗麻鸭、平坝灰鹅等。

贵州的野生动物及珍稀动物资源丰富，有野生动物 1000 余种。被列入国家保护的珍稀动物有 87 种。属于国家一级保护动物的有黔金丝猴、黑叶猴、华南虎、云豹、豹、白鹳、黑鹳、黑颈鹤、中华秋沙鸭、金雕、白肩雕、白尾海雕、白颈长尾雉、白头鹤、蟒 15 种；属于国家二级保护动物的有穿山甲、黑熊、水獭、大灵猫、小灵猫、林麝、红腹雨雉、白冠长尾雉、红腹锦鸡等 69 种。

这些动植物资源是大自然的宝贵财富，对贵州的发展不仅具有可直接利用的经济价值，而且维系着生态平衡，在可持续发展过程中发挥着不可估量的作用。

四、独特优美、旅游价值极高的自然旅游资源

贵州自然环境独特，地貌类型多样，自然风光神奇秀美，山水景色千姿百态，溶洞景观绚丽多彩，野生动植物奇妙无穷，山、水、洞、林、石交相辉映，浑然一体，加上冬无严寒、夏无酷暑的宜人气候，使贵州博得了"公园省"的美称。

贵州的自然旅游资源可归纳出"五多"的特点。

（一）山石景观多

贵州的山，层峦叠嶂，峰耸岭峻，岩奇石秀。苗岭逶迤，乌蒙磅礴，大娄山耸峙，梵净山雄奇，构成了一片涛翻浪卷的山海。既有高大雄伟、森林苍翠的生态名山梵净山、雷公山等大山，又有磅礴低吟、恬静祥和的壮观峰林万峰林等喀斯特峰丛峰林，还有各具特色的石林景观数不胜数。既有旱地石林，又有水上石林；既有高山石林，又有洼地石林；既有灰白色石林，还有黑褐色石林等种类。著名的有天星桥石林、银滩石林、修文回水石林、奢香石窗石林、兴义泥凼石林、荔波喀斯特石林等。

（二）瀑布、峡谷多

在贵州的崇山峻岭之间流淌奔腾着大小河流上千条，山与水的奇妙组合形成了众多的激流和壮观的瀑布，汇成世上少有的"瀑海"与奇峡景观。全省有大小瀑布和峡谷景观 1000 多处。著名的有黄果树瀑布群、赤水十丈洞瀑布群、中洞瀑布、马岭河峡谷、乌江三峡、六广河七峡、关岭花江大峡谷、黄平飞云大峡谷、开阳南江峡谷等。

 黄果树瀑布

　　黄果树瀑布是中国第一大瀑布，瀑高 77.8 米，宽 101 米，是世界上唯一能从上、下、前、后、左、右 6 个方位观赏的瀑布，也是世界上有水帘洞自然贯通且能从洞内外听、观、摸的瀑布，并且与它连贯成群分布着风格各异的大小 18 个瀑布，被列入瀑布群的世界吉尼斯记录。

中国最大的瀑布——黄果树瀑布

（三）洞穴类型多

贵州喀斯特地貌的最完美表现就是溶洞。它数目众多，大小不同，长短不一，神态各异，造型奇特。洞内景色更是千奇百怪、绚丽多彩，时而大气磅礴，时而玲珑剔透，时而千疮百孔，时而奇幻瑰丽，时而旖旎妩媚，时而光怪陆离。全省长度大于 2000 米的洞河（称为水洞）就有 1000 多条，旱洞数量更多。著名的有织金洞、龙宫、天河潭、晴隆大厂石膏巨晶洞、修文多缤洞、兴义飞龙洞、铜仁九龙洞等。

 织金洞

织金洞以其洞体规模宏大、景观壮丽辉煌，被《中国国家地理》权威杂志评选为中国最美的旅游洞穴，称之为"梦幻织金洞"，它"集古今奇观于一洞，汇天地美景于一堂"，是目前世界上最大、最美、最奇、最全的岩溶洞穴，被诗人赞为"黄山归来不看岳，织金洞外无洞天"，具有很高的观赏和美学价值。

（四）森林美景多

贵州山多林茂，森林物种丰富，类型多样，生态系统完整，森林美景齐全，既有亚热带常绿阔叶林景观，又有近热带季雨林景观；既有温带落叶阔叶林景观，又有亚高山针叶林景观；既有喀斯特原始森林景观，又有中亚热带次生林景观；既有繁花似锦的杜鹃林景观，又有竹海森林景观。著名的有梵净山林海、习水原生林、茂兰喀斯特原始森林、大方百里杜鹃林、赤水竹海等。目前贵州有各级森林公园97个，其中国家级森林公园、生态公园和林木（花卉）公园就有30个。

（五）河湖、泉水多

贵州地表水和地下水都十分丰富，形成了许多景色优美的河流、湖泊、岩溶泉和温泉等。贵州河湖景观多而秀丽，江河湖水与山川峡谷自然结合，构成了一幅幅精美的自然风景画，加上近百处温泉的开发，更赋予了它深层次的旅游和疗养价值。著名的有潕阳河、赤水河、杉木河、红枫湖、百花湖、万峰湖、草海、息烽温泉、剑河温泉、石阡县城南温泉等。

 威宁草海

威宁草海是中国地势最高、面积最大的喀斯特天然湖泊，面积是杭州西湖的5倍，生态环境良好，是中国特有的珍稀动物黑颈鹤和其他181种鸟类共同的家园，成为世界十大观鸟胜地之一，被誉为"云贵高原上一颗璀璨的明珠"。

 贵州主要自然旅游资源表

国家级风景名胜区	黄果树、马岭河峡谷、赤水、荔波樟江、织金洞、潕阳河、龙宫、红枫湖、都匀斗篷山——剑江、九洞天、九龙洞、黎平侗乡、紫云格凸河穿洞、平塘、榕江苗山侗水、石阡温泉群、沿河乌江山峡、瓮安江界河18个国家级风景名胜区
国家级自然保护区	梵净山、茂兰、习水中亚热带常绿阔叶林、雷公山、赤水桫椤、草海、麻阳河黑叶猴、宽阔水、长江中上游珍稀鱼类、石阡佛顶山、大沙河11个国家级自然保护区
国家级森林公园 国家生态公园 国家林木（花卉）公园	竹海、百里杜鹃、九龙山、燕子岩、凤凰山、三都县尧人山、长坡岭、玉舍、雷公山、习水、黎平、朱家山、紫林山、潕阳湖、赫章、青云湖、大板水、毕节、仙鹤坪、龙架山、九道水、台江、油杉河大峡谷、黄果树瀑布源、甘溪、仰阿莎、金沙冷水河、福泉28个国家级森林公园 道真洛龙1个国家生态公园（试点） 水城1个国家杜鹃公园

续表

国家级地质公园 世界地质公园	关岭化石群、兴义贵州龙、绥阳双河洞、平塘、六盘水乌蒙山、黔东南苗岭、思南乌江喀斯特、赤水丹霞、万山汞矿 9 个国家级地质公园 织金洞 1 个世界地质公园
世界自然遗产地	荔波锥状喀斯特、赤水丹霞、施秉白云岩喀斯特、梵净山 4 个世界自然遗产地

第三节　人与自然和谐共生的生态文明建设

近年来，贵州在推进生态文明建设进程中，倡导人与自然和谐共生，保持和加强生态文明建设的战略定力，不断探索以生态优先、绿色发展为导向的高质量发展新路，打好污染防治攻坚战，加大生态系统保护力度，建立系统完整的生态环境监管体制，促进人与自然的和谐统一。

一、以"生态优先、绿色发展"为指引的贵州发展之路

推进绿色发展，是构建高质量现代化经济体系的必然要求。贵州大力发展绿色经济、打造绿色家园，完善绿色制度、筑牢绿色屏障，加强绿色宣传，培育绿色文化，获得了优异的绿色成绩单，探索出一条速度快、质量高、百姓富与生态美的绿色发展新路。

（一）发展绿色经济，打造绿色家园

一是大力推进"四型"产业①发展，深入实施绿色制造三年专项行动，创建绿色园区、建设绿色工厂、开发绿色产品、延长绿色链条，培育壮大节能环保产业，发展循环经济，提高工业固体废弃物综合利用率。二是实施绿色经济倍增计划和森林扩面提质增效三年行动计划。贵州率先划定生态保护红线和永久基本农田，25 个县被列为国家重点生态功能区，城市污水处理率、生活垃圾无害化处理率均达到 90% 以上。2018 年，绿色经济占 GDP 的比重超过 40%，社会公众对贵州生态环境满意度居全国第 2 位。

（二）完善绿色制度，筑牢绿色屏障

一是深入实施生态环境损害赔偿制度、推行排污许可制度、完善土地和矿产资源有偿使用制度、深化河（湖）长制、实行林长制，持续开展"守护多彩贵州•严打环境犯罪"执法专项行动，完成国家生态文明试验区建设 34 项重点任务。二是筑牢绿色屏障，大力实施"青

---

① 生态利用型、循环高效型、低碳清洁型、环境治理型。

山""碧水""蓝天""净土"4大工程，完成国家生态文明试验区11项年度改革任务，强力实施10大污染源治理和磷化工、火电等10大行业治污减排全面达标排放专项行动，在全国率先实施磷化工企业"以渣定产"，全域取缔网箱养鱼。

（三）加强绿色宣传，培育绿色文化

一是坚定不移推进大生态战略行动，加强绿色生态文明宣传教育。推行绿色消费，推广环境标志产品、有机产品等绿色产品。提倡绿色居住，节约用水、用电、用气。倡导绿色出行，加快清洁能源汽车推广应用。二是将每年6月18日确定为"贵州生态日"，举办"保护母亲河·河长大巡河"和"巡河、巡山、巡城"等系列活动，连续十年举办生态文明贵阳国际论坛，在全球生态环境保护和应对气候变化领域等问题上，宣示了生态文明的中国立场，发出了生态文明的中国声音，展示了生态文明的中国行动，对进一步深化国际合作、服务国家外交大局和推进贵州生态文明建设具有引领作用。

2018年生态文明贵阳国际论坛

二、以解决环境问题为重点的污染防治工作

（一）突出的环境问题

贵州是以喀斯特地貌为典型发育特征的高原山区，生态系统脆弱，石漠化和水土流失严

重。地处长江、珠江上游的贵州，是"两江"上游重要的生态功能保护区域之一。过去，受资金、人才、技术、地域等因素制约，贵州有相当一部分县（区）的产业、行业发展方式粗放，不仅过度消耗了资源，也导致生态环境出现局部恶化的趋势。因此，贵州既面临全国普遍存在的结构性生态环境问题，又面临着行业发展随之附带的大气污染、水污染、土壤污染、固体废弃物和垃圾处置的严峻现实问题。在"既要绿水青山，也要金山银山"的理念指引下，贵州经济开发格局要正确把握贵州生态既优美又脆弱的双重性，坚持生态优先、注重保护、合理开发利用，促进贵州大生态优势转化为经济优势。筑牢生态屏障，坚决打好污染防治攻坚战，狠抓全省的生态保护、治理和修复工作。加快形成绿色发展方式和生活方式，在发展中保护，在保护中发展，让贵州省自然生态系统步入良性循环新轨道。

（二）铁腕治污，打好"五场保卫战役"

贵州省委、省政府采取系列较真碰硬的举措，坚持铁腕治污，深入抓好中央环保督察反馈问题整改，集中力量打好蓝天、碧水、净土、固废治理、乡村环境整治的五场保卫战役。

一是保卫蓝天，深入开展扬尘污染、工业企业大气污染、散煤燃烧等治理行动，淘汰高污染、高排放煤电机组，削减二氧化硫、氮氧化物等大气污染的排放总量，严格控制水体化学需氧量，氨氮、磷污染排放量，加快页岩气和煤层气勘查开发利用，推广使用地热能，大力发展城市清洁能源，使全省中心城市空气质量优良天数达到97.2%。2018年关闭煤矿74处、压减产能1038万吨。二是保卫碧水，采取控源截污、清淤疏浚、生态修复等综合措施尽快消灭黑臭水体，统筹抓好饮水水源地突出环境问题整治、磷污染等重点水污染治理，持续推进城市雨污分流管网改造，保持出境断面水质优良率100%。三是保护净土，摸清全省土壤环境污染底数，开展好土地分类管理，突出重点区域、行业和污染物，强化土壤污染管控和修复，推进土壤污染防治和耕地质量保护与提升。四是固废治理，持续推进磷化工企业"以渣定产"，积极探索汞锰渣等工业固废资源综合利用处理，推进医废及其他危险废物治理，力争磷石膏堆存量实现零增长，综合利用率达66%、提高23个百分点。五是乡村环境整治，农村环境综合整治项目覆盖600个行政村。"厕所革命"建设改造农村厕所93.7万户、村级公共厕所5320个、社区公共厕所725个、旅游厕所881个。规模养殖场粪污综合利用率、处理设施装备配套率达64%和70%。对造成生态环境损害的单位或个人，坚持"谁污染，谁赔偿"的原则，坚决改变"企业污染、群众受害，政府买单"的环境污染困局。

（三）变废为宝，大力发展循环经济

贵州积极探索污染物的综合利用途径，通过产业链延伸和耦合，建立起发展循环经济的体系与制度，提高"废物"的利用率，实现废弃物的循环利用。在全国率先实施磷化工企业"以渣定产"，倒逼企业转型升级。2018年社会公众对贵州生态环境满意度居全国第2位。

 贵州循环经济案例

贵州茅台酒厂有限责任公司在生产过程中采用生物转化技术等科技手段进行资源化利用，并引导当地农民使用生物有机肥种植酿酒有机原料，既解决丢弃酒糟的污染和资源浪费，又实现了酒糟的加工升值，保护了茅台镇的生态环境。

贵州瓮福集团为解决磷石膏这一污染顽疾问题，在与山东泰富、福建正霸等磷石膏利用商家合作基础上，携手贵州蓝图公司共同打造国内首创、国际领先的绿色生态PGPC（磷石膏钢筋混凝土）装配式建筑体系，将磷石膏变为新型建材，既满足了建筑恒温恒湿、阻燃、环保节能的需要，也彻底解决了磷石膏的综合利用难题，实现了变废为宝，确保了磷化工行业的持续健康发展。

三、以守牢"两条底线"为指导的生态系统保护

贵州加大生态系统的保护，坚守底线，优化生态安全屏障体系，重点开展荒漠化综合治理试点工程，大力实施退耕还林、天然林保护等重点生态工程建设，力图构建生态廊道，形成生物多样性保护网络，以此提升生态系统的质量。

（一）守牢"两条底线"

贵州保护生态环境上，始终坚守发展底线和生态底线。《贵州"十三五生态建设规划"》指出，到2020年，贵州省自然生态系统步入良性循环，天更蓝、水更清、地更绿，人民群众生产生活条件得到改善，人与自然和谐程度明显提高。贵州将把区域内具备条件的25度以上的坡耕地、严重沙化耕地和重要水源地15～25度坡耕地全部退耕还林和退耕还草。

（二）加强生态系统的保护与修复

贵州着力实施《贵州主体功能区规划》，构建起了包括自然保护区、风景名胜区、地质

公园、自然遗产地、湿地公园和森林公园在内的自然保护地体系。推进十大生态修复、草海综合治理、乌蒙山片区山水林田湖草生态保护修复试点等工程建设。大力推进国家储备林建设，加快推进新一轮退耕还林还草、石漠化综合治理、水土流失治理和草海综合治理等生态工程建设。

（三）推进生态系统与产业协调发展，实现美富共赢

贵州着力发展能否发挥生态环境优势的产业，如大数据、山地现代高效农业、生态旅游业等。大力推进特色优势产业的生态化和规模化，着力建设国家优质酱香型白酒产业带，加快建设茶叶强省，建成全国中药材主产省和民族药业省。大力发展生态服务业，将现代物流、金融、网络、信息服务等生产性服务业与大健康产业、生态旅游等生活性服务业结合起来，切实做到经济效益、社会效益和生态效益同步提升，实现百姓富生态美有机统一。

四、以强化制度落实为举措的生态环境监管体制

（一）建立健全生态环境工作机制，深化生态文明体制改革

贵州在生态环境监管体制方面，加强生态环境工作的组织领导，建立健全发展改革、林业、财政、扶贫、水利、水库和生态移民以及能源部门之间的定期会商工作机制，统筹推进生态环境监管各项工作，形成共商、共促的生态环境监管工作合力。深化生态文明体制改革，推动生态文明试验区 34 项制度性改革任务落实。加快国家生态产品价值实现机制和省级空间规划试点省建设。探索建立黔中水利枢纽工程涉及流域生态补偿机制。完善土地和矿产资源有偿使用制度。深入实施生态环境损害赔偿制度。推行排污许可制度。推进碳排放交易市场建设。完成长江经济带战略环评市州"三线一单"编制。加快资源性产品价格改革，完善土地和矿产资源有偿使用制度。支持贵安新区绿色金融改革创新试验区建设。持续开展"守护多彩贵州·严打环境犯罪"执法专项行动，推动跨区域、跨流域环境联合执法、交叉执法。

（二）全面实行河（湖）长制，出台多个率先全国的地方性法规与制度

2009 年 7 月到 2014 年 8 月间，贵州在三岔河流域首次试行"河长制"环境保护以后，陆续在乌江、清水江、赤水河流域贵州段、沅江、都柳江、牛栏江—横江（含草海）、南盘江、北盘江、红水河等流域开展"河长制"。2016 年，《贵州省水资源保护条例》出台；2017

年，《贵州省全面推进河长制总体工作方案》出台；2018年9月，贵州省第一个“河长制”水生态环境系统保护规划——《㵲阳河河长制水生态环境系统保护规划》印发实施。目前，全省4697条河流共设五级河长22 755名，是全国设省级河长人数最多的省。据监测，2018年，贵州省110个全国重要江河湖泊水功能区达标个数为101个，达标率91.8%，水质总体优良率为94.8%。同时，除了河长制的先试先行外，贵州还出台多个全国率先的地方性法规制度。2007年成立全国首家环保法庭——清镇市人民法院生态保护法庭；率先在全国成立省级层面公检法配套的环保执法机构；2004年率先出台我国第一部循环经济方面的地方性法规——《贵阳市建设循环经济生态城市条例》；2014年率先出台首部省级生态文明建设促进条例——《贵州省生态文明建设促进条例》；2015年率先实行生态环境党政领导干部问责——《贵州省生态环境损害党政领导干部问责暂行办法》；2016年率先试点生态环境损害赔偿制度——《贵州省生态环境损害赔偿制度改革试点工作实施方案》。

（三）严格执行生态环境损害相关制度

贵州近年来努力强化生态环保意识，严格执行生态环境损害问责制度，以零容忍态度严厉打击生态环境违法行为。出台“两把利剑”①“两个问责”②，强化环境保护“党政同责、一岗双责”，实行党政领导干部生态环境损害问责，环保督察全覆盖。

生态文明建设功在当代、利在千秋。贵州将守牢底线，坚持生态优先、绿色发展，着力推进生态产业化、产业生态化，加快形成绿色发展方式和生活方式，全力建设绿色家园，不断满足人民群众日益增长的美好生态环境需要，推动形成人与自然和谐共存，用绿色成就助推贵州经济高质量发展。

微人物：时代楷模——文朝荣

文朝荣，男，彝族，1942年3月出生，中共党员，1982年3月至1995年12月任海雀村党支部书记。1988年，赫章县河镇乡海雀村森林覆盖率只有5%，农民人均纯收入仅有33元。时任村党支部书记的文朝荣提出“山上有林才能保山下，有林才有草，有草

① 两把利剑：指森林保护“六个严禁”和环境保护“六个一律”。

② 两个问责：指2015年4月出台的《生态环境损害党政领导干部问责暂行办法》和《林业生态红线保护工作党政领导干部问责暂行办法》。

就能养牲口,有牲口就有肥,有肥就有粮"的思路,带领群众奋战 3 个冬天,使全村 13 400 亩荒山从风沙四起的"和尚坡"变成了万亩林海,价值超过 4000 万元,被全国绿化委员会评为"全国绿化千佳村"。文朝荣带领干部群众用良种良法解决吃饭问题,苦干实干求生存、谋发展。海雀村从试验区建立之初到 2013 年,农民人均纯收入增加到 5460 元,贫困人口从 730 人降到 250 人,人均占有粮食从 107 公斤增加到 318 公斤,森林覆盖率上升到 70.4%,人口自然增长率从 13‰ 降为 2‰。2014 年 2 月 11 日,文朝荣同志因积劳成疾医治无效去世,享年 72 岁。2017 年 6 月 30 日,被授予贵州年份英雄十大人物"年份英雄"称号。

微故事: 世界自然遗产——梵净山

北京时间 2018 年 7 月 2 日下午,在巴林首都麦纳麦召开的第 42 届世界遗产大会上,贵州铜仁梵净山获表决通过,成功列入世界自然遗产名录,成为中国第 53 处世界遗产,第 13 处世界自然遗产,是贵州省继荔波喀斯特、赤水丹霞、施秉喀斯特之后的第 4 处世界自然遗产地。

梵净山保留着自全新世和第四纪冰期以来的重要生态过程,有着明显的植被垂直光谱和完整的生态系统结构和功能,森林覆盖率达 95% 以上,繁衍着野生植物和动物 7154 种。其中,列入世界自然保护联盟(IUCN)红色名录植物 49 种、动物 35 种,国家重点保护植物 37 种、动物 38 种,是亚热带生物多样性最重要的栖息地。1984 年成功列入国家级自然保护区,1986 年成为联合国人与生物圈网成员。

第 42 届世界遗产大会认为,梵净山是珍稀濒危动植物珍贵的栖息地,古老孑遗植物的避难所,特有动植物分化发育的重要场所,黔金丝猴和梵净山冷杉在地球上的唯一栖息地,水青冈林在亚洲重要的保护地,符合世界遗产第十条标准,理应成为世界自然遗产新成员。

梵净山

第三章　源远流长的发展历史

　　贵州是中国古人类的发祥地之一，是具有光荣传统的革命老区，历史悠久，文化源远流长。改革开放 40 年来，贵州经济社会发展实现历史性跨越。

第一节　从古夜郎到贵州名称的由来

一、灿烂的史前文化

　　贵州古人类活动历史久远。早在 24—30 万年前，就有人类活动在贵州高原这片土地上，创造了贵州的史前文化。截至 2018 年，全省已发现旧石器时代文化遗存 270 余处，新石器时代遗存 157 处。其中正式发掘 20 余处，抢救性发掘 10 余处，共获各类遗物 20 余万件。

 黔西观音洞遗址

　　黔西观音洞遗址，文化年代为 24 万年前，是我国长江以南地区发现的第一处旧石器时代早期文化遗址。出土的石器加工工艺特殊、文化特点突出，被命名为"观音洞文化"，为中国南方旧石器时代早期文化的代表，与北京周口店、山西西侯度，分别代表中国旧石器时代早期的 3 种文化类型。

贵州古人类，经考古发现并在学术上命名的，有"桐梓人""水城人""大洞人""兴义人""穿洞人"等。已发现贵州古人类化石的年代是 30 万年前至 1 万年前，包括 30 万年前盘州"大洞人"牙齿，20.6 万年前"桐梓人"牙齿，23 万年前至 13 万年前"水城人"牙齿，4 万年前至 1 万年前"穿洞人"头盖骨、上颌骨、下颌骨、胫骨、腓骨、股骨、牙齿等。"桐梓人"生活的桐梓岩灰洞堆积层中发现的炭屑和烧过的碎骨化石，是华南地区已知的古人类最早用火证据。盘州大洞遗址是一个规模巨大、文化内涵丰富的古文化遗址，被中外考古学家称为古人类工场。旧石器时代晚期至新石器时代早期的普定穿洞遗址，出土的 600 多件磨制骨器，为全国其他地区出土骨器总数的 6 倍。

贵州新石器时代遗址主要有威宁中水、平坝白云、贞丰孔明坟、六枝老坡底、赤水板桥、天柱坡脚、平坝牛坡洞等遗址。贵州新石器时代遗址、遗迹的特点说明，进入新石器时代，随着人类社会的进一步发展，贵州古人类出现了从居住海拔较高的天然洞穴，到逐渐由高海拔向低海拔转移，从洞穴走向河流阶地及山间丘陵地区，生活来源为采集和渔猎为主，农牧为辅。生活空间的扩大和多样化，是这一时期贵州社会历史发展的显著标志。

黔西观音洞、盘州大洞、普定穿洞、龙广观音洞等贵州古人类文化遗址，已被国务院公布为全国重点文物保护单位。

二、古夜郎的兴起

贵州见于文献记载的历史约始于春秋至战国时期。春秋时主要属牂牁与楚黔中地，此时至战国期间牂牁、夜郎、且兰、鳖、句町、漏卧等部落方国雄长，为若干地方割据政权，称"国"或"邑"。周赧王三十七年（前 278），秦夺楚巫郡及江南地后置黔中郡，其地包括贵州东北部地区，贵州简称"黔"由此而来。

战国后期，牂牁国逐渐衰落，牂牁江（今北盘江）流域另一支濮人部落取代牂牁国，称夜郎国。夜郎国兴起后，迅速向外扩张，其疆域大体包括今沿河—印江—石阡—镇远—剑河—榕江一线以西广大地区，以及今广西西部、云南东部和四川南部的部分地区。《史记·西南夷列传》记载："西南夷君长以什数，夜郎最大"。夜郎地区的经济和社会已发展成为"耕田，有邑聚"的农耕社会。

进入汉代，夜郎国进一步发展。其经济以农业为主，兼畜牧业，矿产开采、制陶、纺织、酿造等商业和手工业也有一定发展。《汉书·地理志》载："谈指^①出丹，濮人以丹炼汞"。黔西汉墓出土的陶器中有舞蹈俑、托案俑、镇墓兽、陶羊、陶猪、陶鸡等，赫章出土的汉墓陶器已采用轮制工艺，并有全釉和半釉制品，以及普安青山和大河坝发现的古代陶窑遗址等，表明这一时期制陶工艺已有较大提高。城镇和商业方面，建立了平夷（今毕节）、镡成（今黎平）、毋敛（今独山）、且兰（今福泉）、汉阳（今赫章）等不同规模的城邑。这些城邑主要是统治者集结军队、防御外来侵袭的城堡和据点，也是古代商品交易市场。东汉时期，儒家思想学说开始传入。

三、郡县制在夜郎地区的建立

秦统一中国，在夜郎区域推行郡县制，黔西北略通"五尺道""南夷道"，与"南方丝绸之路"相接，夜郎可间接与外界相联系。

汉时，"西南夷君长以百数，独夜郎、滇受王印"。建元六年（前135）唐蒙出使见到夜郎王多同，"谕以威德，约为置吏"。夜郎、且兰及旁小邑归附于汉，其地为犍为郡所辖，郡县制逐步推行。元鼎六年（前111），汉王朝灭且兰，设立牂牁郡，夜郎地区逐步纳入全国统一的行政建置。河平年间（前28—前25），汉王朝廷灭夜郎国，其他诸小邑纷纷降服，郡县制在夜郎地区最终确立。

 夜郎故事 --

　　汉使者到夜郎时，夜郎王问汉使："汉孰与我大"，留下了"夜郎自大"的典故。这说明夜郎地处偏荒，山隔水阻，不知汉广大，自认为夜郎是一方大国；同时也说明夜郎为西南夷地区最大的方国。唐蒙曾向汉武帝建议："窃闻夜郎所有精兵，可得十余万。浮船牂牁江，出其不意，此制越一奇也"。在当时地方割据势力中，能拥有十万精兵，确实是很了不起的。汉王朝对夜郎的重视，也大大超过其他方国。

三国时期（220—280），贵州是蜀汉的一部分。

---

① 谈指包括今晴隆、兴仁、安龙、贞丰、册亨、望谟等地。

四、魏晋南北朝至隋唐时期的基本状况

魏晋南北朝时期（281—580），为贵州民族大迁徙、大融合时期，苗瑶、百越、氐羌几大族系先后进入贵州，与古老的濮人交错杂居。此时期为驻守牂牁的三蜀大姓与土著夷长结合形成"牂牁大姓"共同统治。大姓主要有龙、傅、董、尹、谢等。大姓与中央王朝的关系因时局而变，大姓相互割据，行政区划时有变迁，郡县制度则未废除。

隋唐时期，中央王朝对今贵州地区的统治逐渐加强。武德四年（621），唐于今贵阳地置矩州，为今贵州名称的起源。唐时今贵州之地属黔中道，并设黔州都督府统领各州，形成经制州①、羁縻州②与藩国③并存的局面。乌江以北地区多为经制州，乌江以南多为羁縻州。经制州地区比较开放，与中原地区交往较多，经济文化发展相对较快；羁縻州地区比较封闭，经济文化发展相对缓慢。

五、宋元时的贵州

宋代基本沿袭唐代的统治方法，以今贵州之地属夔州路。宋代在贵州的统治较为松弛，因而使藩国大为发展，形成了自杞国、罗殿国、罗氏鬼国、毗哪、西南七姓等地方政权。为了安抚边疆土酋，宋王朝对西南地区少数民族首领多有封赐，入京朝贡者络绎不绝，主要是贡马和朱砂。南宋嘉熙年间（1237—1240），播州宣慰使杨文建孔子庙，为始见文献记载贵州最早建孔庙。

 贵州名称的由来

开宝七年（974），矩州默部首领普贵以所领矩州归顺朝廷。因土语"矩"与"贵"同音，宋廷敕书中引为"惟尔贵州"句，即为贵州名称见于文献之始。当时的"贵州"，相当于今贵阳地区，因州南有水方如矩（今贵阳四方河），故名矩州。宣和元年（1119），宋廷为奉宁军承宣使、知思州军事土著田佑恭加授"贵州防御使"衔，"贵州"开始成为行政区划名称，区域也相应扩大。

---

① 经制州：由朝廷派遣官吏治理，人口、田亩，政治、军事、经济、司法等受中央王朝的控制。
② 羁縻州：由朝廷指派归附的地方土著首领统治，子孙世袭，在其统治范围内有相当大的自主权，与朝廷保持比较松散的羁縻关系。
③ 藩国：指中央王朝对其统属关系比较松散的地方政权。

元朝统一中国后建立行省制度，贵州地分属四川、云南、湖广。元朝在西南地区开设驿道，从湖广至云南、四川至广西的驿道均经过贵州，并在贵州遍行土司制度，同时设置路、府、州与宣慰司、宣抚司、安抚司及三百余处蛮夷长官司，实行府州县与土司并存。顺元城（今贵阳）是驿道交汇之地，设八番顺元等处宣慰司都元帅府，节制思州、播州及亦溪不薛（水西）。

第二节　从贵州建省到贵州解放

一、贵州省的建立

明代是贵州历史发展的一个重要里程碑。主要标志，一是建立了贵州承宣布政使司；二是大规模推行屯田，加快了贵州的开发，使贵州进入一个新的历史发展时期。

明初平定云南后，明王朝高度重视贵州在加强西南地区统治和巩固边防的重要作用。洪武十五年（1382），设置贵州都指挥使司（省一级军事机构），统一指挥贵州地区的军事。永乐十一年（1413），思南宣慰司与思州宣慰司因争夺领地发生武力争端，明廷派兵讨伐，将思南宣慰使田宗鼎和思州宣慰使田琛执拿送京问罪，分其地为八府四州，设置贵州承宣布政使司（省一级行政机构）统辖，贵州正式成为全国十三布政使司之一。永乐十五年（1417），设置贵州提刑按察司（省一级司法机构）。至此，贵州"三司"齐备，完成省级建制，治所贵州（今贵阳）。贵州建省后，实行"军政分管、土流并治"制度，军户归卫所管辖，民户属府、州、县管辖，土民则属土司。贵州建省之初辖地为八府、四州和一宣慰司。明末增至十府、九州、十四县，同时设二十七卫和数十长官司。

二、屯田与贵州的开发

屯田源于屯戍，分为军屯、民屯和商屯。军屯系卫所官兵屯田，目的是"且耕且战"，以足军粮。贵州地处偏远，本地缺粮，山高路险，运粮艰难，故屯多于守，即"三分守城，七分屯种"。卫所官兵皆给屯地，发给种籽、耕牛、农具，以百户所为单位建立屯堡就地耕种，按规定交纳"屯粮"。贵州军屯从洪武十五年（1382）始，到宣德年间（1426—1435），经过 50 多年的屯垦，贵州都司所辖各卫所建屯堡 700 余处，屯田约 93.85 万亩。

民屯是官府组织的大规模移民活动。贵州为移民重点省区之一，居民多来自中州、川陕、江浙、江西、两湖地区。嘉靖年间（1522—1566），贵州布政使司所属民户已达66 684 户 250 420 丁口，皆编入里甲。万历九年（1581）清丈，全省共有民田 134.45 万亩。

商屯与"开中"有关。所谓"开中"是一种以盐换粮的政策。商人招募流民，在缺粮卫所附近屯种，谓之商屯。贵州不产盐，食盐历来由官府专卖。官府招募商人将粮食运往缺粮地点交纳，换取盐引，然后在指定地点购盐，再销往民间。

明代的屯田，极大地推动了贵州的开发。大批汉族移民进入贵州，开垦了大量土地，同时将外地的农耕技术带进贵州，兴修水利，推广牛耕，引进新的农作物品种，提高了农业生产水平。

随着建省和土地的大规模开发利用，促进了贵州经济社会的全面发展。交通方面，在原有驿道的基础上，对出省驿道干线加以拓宽和改造，增设驿站，使驿道运输有了较大的发展。其中，有贵阳为中心的4条驿道干线向四邻延伸：与四川相连的干道由贵阳经遵义、桐梓出四川，与重庆相连；与云南相连的干道自贵阳经清镇、平坝、安顺、镇宁、关岭、晴隆、普安、盘州出云南；与广西相连的干道自贵阳经龙里、福泉、都匀、独山、荔波出广西；与湖南相连的干道自贵阳经龙里，福泉、黄平、施秉、镇远、玉屏出湖南。此外，还有两条过省干道：一条自四川的叙永经毕节、威宁、赫章出云南；一条自云南的罗平经兴义、安龙渡红水河而入广西。

世界文化遗产、中世纪军事城堡——海龙囤中国土司遗址

奢香夫人与龙场九驿

　　《明史·土司传》记载：奢香"开偏桥、水东以达乌蒙、乌撒及容山、草塘诸境，立龙场九驿"。"龙场九驿"，即龙场驿（今修文）、陆广驿（今修文六广）、谷里驿（今黔西谷里）、水西驿（今黔西）、奢香驿（今黔西、大方交界处的西溪）、金鸡驿（今大方金鸡山）、阁鸦驿（今大方阁鸦）、归化驿（今毕节归化）、毕节驿（今毕节）。这条驿道是通向西部的主要干道，以龙场驿为枢纽，南与通往贵阳的干道相通，北与通往遵义的干道相连，西有干道直通乌撒、乌蒙，使西部地区与省内各地连为一体。这条干道的开通，对贵州西部的开发起了重要作用，同时也有利于朝廷对云南的控制。

　　在手工业和矿冶业方面，开设了水银朱砂局、金银矿局、铅场、冶铁所、军器局、杂造局、烧窑，以后又出现了瓷器、造纸、制糖、织造等手工作坊。在城镇建设方面，新建数十座城池和数以百计的屯堡，在今安顺地区，仍保留有许多明代屯堡的原有风貌。在文化教育方面，设立卫学、府州县学及司学，发展书院，令土司子弟入国子监，实行开科取士。

　　明代屯堡的主要史迹：平坝天台山、安顺云山屯——本寨、鲍家屯水利工程、隆里古建筑群、寨英古建筑群。

三、改土归流对贵州发展的影响

　　元明时期实行的土司制度，曾在一定程度上缓和了中央政权与地方土酋之间的矛盾，起到了一定的避免战争冲突的作用。但是，土司制度是一种比较落后的社会制度。土司在政治上、军事上、司法上受制于中央王朝，但在土司的领地之内，仍保持着较大的独立性。土司制度下的各族土民，世世代代被束缚在土司的领地上，平时为土司种地，承担土司分派的各种徭役，战时被编为土兵，为土司争权夺利卖命，与农奴制下的农奴没有什么区别。

　　为革除土司制度的弊端，明永乐十一年（1413），借解决思南宣慰司与思州宣慰司争端之机，明廷以其地进行较大规模的改土归流，后又不断扩大流官统治区域，或将土官革除改为府、州、县，或将土司置于军民府或军民指挥使司的管辖之下。明代改土设流的高潮为万历年间的"平播"及崇祯年间水东及水西的部分割地改流。万历二十七年（1599），播州宣慰使杨应龙反叛朝廷，朝廷派兵征讨，于万历二十八年（1600）年平定播州。随即废播州，以其地分设遵义、平越二军民府，并设置了真安、遵义、桐梓、仁怀、绥阳、黄平、湄潭、瓮安、龙泉等州县。崇祯三年（1630），又废水东宋氏土司，改其辖地为开州；割安氏"水外六目地"设置敷勇、镇西二卫，贵州宣慰司亲辖地改属贵阳府。从整个变化过程来看，明代贵州疆域的形成和府、州、县的设置过程，实际上是不断改土归流的过程。

清康熙、雍正时期又一次大规模推行改土归流。康熙三年（1664）正月，平西王吴三桂领云、贵14镇16万余兵力平水西。战争相持一年余，最后水西兵败，安坤被磔。康熙五年（1666）5月，水西十一则溪改土归流，分设大定、威宁、黔西三府，延续千余年的水西统治结束。雍正四年（1726），云贵总督鄂尔泰负责西南地区的"改土归流，开拓苗疆"。从贵州巡抚张广泗率兵讨伐八寨（今丹寨）开始，至雍正十一年（1733）平定高坡、九股苗（今台江、施秉一带）为止，历时5年，武力征服2000余寨，基本完成改土归流任务。改土归流以后，清廷对贵州的行政区划和行政建置做了较大的调整：一是在全省普遍采取府、厅、州、县的行政建置，官吏由朝廷委派。在基层则遍行乡、保、甲制度，凡3户以上皆可编甲，不及3户者，编入附近的甲不许另住，甲以上为保，合数保为乡。乡、保、甲长由当地上层人士充任。凡有事就逐户稽查，逐村清理。这种制度的推行，极大地巩固了清朝对贵州的统治。二是对贵州的疆域做了较大调整。雍正五年（1727），将四川统属的遵义府及其所属各县改隶贵州；将毕节以北的永宁全境划归四川；以广西红水河、南盘江以北置永丰州（后改为贞丰），与广西的荔波、湖南的平溪、天柱一并划归贵州管辖。至此，贵州的疆域基本形成。

四、乾嘉起义与咸同起义

改土归流以后，社会矛盾、民族矛盾交织，激起各族人民反抗，在贵州先后爆发了"乾嘉起义"和"咸同起义"。

乾嘉起义是乾隆、嘉庆年间苗族和布依族人民起义的总称。乾隆十七年（1752），松桃苗民起义。乾隆五十九年（1794），松桃苗民石柳邓与湘西苗民石三保、吴八月起义。嘉庆二年（1797），南笼府（今安龙）爆发王囊仙领导的布依族起义。

咸同起义从咸丰初年开始到同治末年为止长达18年，为贵州有史以来规模最大的起义。起义与太平天国相互呼应、配合，有5支太平军入贵州，翼王石达开带领10万太平军假道贵州入四川。参加起义 50 多支队伍，著名的有刘义顺领导的"白号军"，何得胜领导的"黄号军"，张秀眉、陶新春、岩大五、潘名杰等领导的各路苗军，还有布依族杨元保、侗族姜映芳和水族潘新简领导的起义军及张凌翔领导的"白旗军"等。

五、震惊全国的"三大教案"

1840 年鸦片战争后，贵州成为法国传教区。贵阳、青岩、清镇、定番、镇宁、遵义、开州、绥阳、桐梓、仁怀、思南、石阡、安龙、册亨、望谟、罗甸、贞丰、独山等地先后建立天主教堂。教会和外国传教士凭借不平等条约取得"传教特权"，藐视官府，欺压百姓，霸占田土，挑起事端，在贵州激起了震惊全国的"青岩教案""开州教案"和"遵义教案"。

咸丰十一年（1861）端午节，青岩团总赵畏三斩首 4 名教徒，青岩教案爆发。咸丰十一年（1861），开州（今开阳）知州戴鹿芝处斩教民 5 人，开州教案又起。同治八年（1869），遵义人民捣毁天主堂及"爱仁堂"医馆，遵义教案爆发。

对此，法国联合美、英、俄等国向清政府提出"强硬抗议"。清政府屈服于列强压力，将贵州提督田兴恕发配新疆，以其贵阳六洞桥的公馆改做天主堂；与此事有关的官员撤职查办；三教案贵州共赔款银一万五千两。

六、辛亥革命在贵州

鸦片战争以后，随着经济社会发展变化和资产阶级的出现，贵州产生了一批立志推翻封建专制、建立民主共和的资产阶级知识分子，如张百麟、平刚等，发起组织了自治学社、科学会等一批革命组织。

1911 年 11 月 4 日，自治学社在贵阳组织发动武装起义，推翻清王朝在贵州的统治，成立了"大汉贵州军政府"，杨荩诚为都督，周培艺为行政总理，张百麟为枢密院院长，继湖南、陕西、江西、云南之后宣告贵州独立。1912 年，宪政预备会引滇军入黔，于 2 月 2 日发动政变，贵州辛亥革命失败。

1912—1935 年，贵州处于长达 23 年的军阀统治时期。1912 年 3 月，滇军将领唐继尧任贵州都督，继而是贵州军阀刘显世、袁祖铭，再是云南军阀唐继虞，然后是贵州军阀周西成、毛光翔、王家烈等对贵州进行的军阀统治。

七、中国工农红军在贵州

第二次国内革命战争时期，先后有 6 支中国工农红军在贵州活动。

1930 年 4 ～ 5 月，邓小平、张云逸率领的红七军进入荔波、黎平县境，攻下榕江县城后经从江回到广西。红八军一支部队渡过红水河，活动在黔西南的望谟、罗甸一带。1934 年 5 月，贺龙、关向应等率领红三军，在务川、沿河、印江、德江、松桃和重庆的酉阳、秀山一带建立革命根据地。1934 年 7 月 21 日，中华苏维埃共和国湘鄂川黔革命军事委员会在沿河县召开黔东特区第一次工农兵苏维埃大会，通过了《没收土地和分配土地条例》《关于工农武装问题决议》等重要决议，民主选举产生了黔东特区革命委员会。随后，建立了区、乡苏维埃政权，进行了土地革命。1934 年 9 月，任弼时、肖克、王震等率领红六军团为中央红军长征先遣队进入黔东南地区，后与红三军会师。1934 年 12 月中旬，中央红军长征进入贵州。中共中央在黎平召开了政治局会议，决定中央红军向黔北地区进发。1935 年初，中共中央政治局在瓮安猴场召开会议，作出《中共中央政治局关于渡江后新的作战方针的决定》。紧接着，中央红军渡过乌江，攻占遵义。1935 年 1 月 15 日至 17 日，中共中央政治局扩大会议在遵义召开，会议确立了毛泽东在红军和党中央的领导地位。这就是中国共产党历史上具有伟大转折意义的遵义会议。遵义会议后，中央红军四渡赤水，西出云南，实现了战略大转移。1936 年 2 月，任弼时、贺龙领导的红二、六军团（后合编为红二方面军），在黔西北建立了中华苏维埃共和国川滇黔省革命委员会。中国工农红军在贵州活动 6 年，先后攻克32 座县城，纵横驰骋全省 68 县，震撼了国民党反动统治，播下了革命火种。

 土城战斗

　　红军在习水县土城的战斗，是长征中参战人员级别最高的一场恶战，包括：党的两代领导核心毛泽东、邓小平，一任总理周恩来，两任国家主席刘少奇、杨尚昆，七位元帅朱德、彭德怀、林彪、刘伯承、罗荣桓、聂荣臻、叶剑英，以及陈赓、宋任穷等 200 多名将军都参加了战斗。

红军在贵州活动的主要史迹：遵义会议会址、娄山关战斗遗址、"四渡赤水"旧址、黔东特区旧址、毕节中华苏维埃共和国川滇黔省革命委员会旧址。

遵义会议会址

八、中共贵州地方党组织的发展

五四运动前后，贵州一批知识青年接受和传播马列主义，到省外和国外学习，投身于新民主主义的革命洪流。其中，突出代表有邓恩铭、王若飞、周逸群等。1928年春，中共合江特别支部在赤水地区开展工作，发展党的组织。1932年，红八军在罗甸、贞丰等地建立了中国共产党的支部和中心支部。1934年1月，林青等建立了中共毕节支部，并先后在毕节、安顺、贵阳、织金、遵义、凯里等地开展工作，在一些学校建立了支部或小组。中央红军长征到达贵州以后，中共中央组织部批准建立中共贵州省工作委员会，由林青（1911—1937）、邓止戈（1906—1991）、秦天真（1909—1998）组成，林青任书记，这是中共中央在长征途中帮助建立的唯一一省一级党的工作机构。中共贵州省工委先后建立了贵阳、安顺、遵义等县委，在黔西、大方、织金、毕节、赤水、习水、桐梓、仁怀、惠水、贵定、都匀、紫云、安顺、炉山、雷山等地发动群众，组织武装起义；派遣共产党员打入国民党军队发展组织，开展兵运工作，并组织地方游击武装，在黔西、大方、毕节等县及云、贵、川边境地区开展武装斗争。

这一时期的主要史迹：周逸群故居、王若飞故居。

九、国民党对贵州的统治

1935 年，国民党中央军尾追中央红军进入贵州，蒋介石借机改编了黔军，改组了贵州省政府。1935 年 4 月，国民革命军第二十五军军长、省主席王家烈被迫辞职，贵州军阀统治终结。国民党统治贵州以后，大肆搜捕共产党员和进步群众。1937 年，林青、刘茂隆、吴绍勋等共产党员和一批进步群众被捕，林青被国民党反动派杀害，中共贵州地下党组织活动陷入低潮。

抗日战争爆发后，贵州成为抗日的大后方之一。随着黔桂、湘黔、川黔、滇黔 4 条公路干线相继与邻省连通，一些沿海地区的机关、学校、商号、企业纷纷迁入贵州，贵州经济社会发展出现了战时的短暂繁荣。

抗日战争胜利以后，随着国民党政府统治中心的东迁，外省厂商纷纷迁出，贵州经济随之衰落。

这一时期的主要史迹：息烽集中营旧址、镇远"和平村"旧址、晴隆"24 道拐"抗战公路。

十、中国人民解放军解放贵州

1949 年 9 月，中国人民解放军第二野战军第五兵团和第三兵团第十军，由湘西入黔，打响了解放贵州的战斗。9 月初，司令员杨勇、政治委员苏振华率领五兵团十六军、十七军先后向湘西地区隐蔽开进。五兵团和三兵团十军分三路向贵州进发，11 月 4 日攻占天柱，6 日占领三穗，8 日攻占镇远，突破国民党军队"黔东防线"，接着占领施秉、黄平、炉山，13 日奇袭贵定，14 日占领龙里，15 日解放贵阳，推翻了国民党在贵州的反动统治。随后，于 28 日占领毕节，切断了四川境内国民党军队经贵州逃往云南的最后通道，完成了解放大西南大迂回、大包围的战略任务，并在战略迂回中解放了贵州全境。

为迎接贵州的解放，中共贵州地下党组织与毗邻省的地下党组织相配合，组织和领导了农村的武装斗争和城市的反蒋爱国斗争，建立了近万人的游击武装力量。主要有：黔南地区的"克混游击队""黔南荔波人民游击队"；黔东北地区的"黔东纵队""思南游击支队""黔东北游击支队"；黔西南地区的"盘县游击团""边防大队（水城）第三中队""盘北游击大队""海子游击大队""捧鲊游击大队""七舍游击大队""速安支队""威宁游击团""海田游击大队""盘北游击队""郎（岱）普（定）织（金）边区游击队""安顺游击队""大洞口游击队""猫场农民武装组织""沙坝地龙场革命武装"等，先后发动了"鲁础营暴动""郎岱三三暴动""捧鲊暴动""永和暴动"等。贵州解放前夕，中共贵州地下党积极组织人民群众开展护厂、护校斗争，制止了国民党军队破坏电厂、电台及重要交通设施的企图。

第三节　从贵州解放到改革开放

贵州解放以后，各族人民在中国共产党的领导下，团结合作，共同谱写了贵州历史发展的新篇章。

一、人民政权的建立与剿匪斗争

根据《中国人民政治协商会议共同纲领》的规定，1949 年 11 月 22 日成立了中国人民解放军贵阳市军事管制委员会；23 日，贵阳市人民政府成立；12 月 26 日，贵州省人民政府成立。

1951 年前后，针对国民党在贵州解放前夕建立的反共游击基地妄图颠覆人民政权的严峻形势，人民解放军在贵州开展了大规模的剿匪斗争。经过一年多的艰苦努力，与股匪进行大小战斗 4200 余次，毙伤及俘获中队长以上匪首 14 397 人、匪众（包括部分被裹胁的群众）26.37 万人，缴获各种炮 294 门、轻重机枪 1247 挺、步枪 11.69 万支，取得了剿匪斗争的全面胜利。同时，根据中共中央的决定，大张旗鼓地开展镇压反革命运动，肃清了国民党在贵州的反动残余势力，巩固了人民政权。

1951 年 5 月，全省 79 个县和 1 个市全部建立了人民政府，相继召开了各族各界人民代表会议。1951 年 7 月，贵州省第一届各族各界人民代表会议召开，通过相关决议，选举产生了贵州省第一届各族各界人民代表会议协商委员会。1954 年 7 月，贵州省第一届人民代表大会第一次会议召开，1955 年 2 月，贵州省第一届人民代表大会第二次会议选举产生了贵州省人民委员会和贵州省省长，建立了贵州省人民代表大会制度，同时，少数民族聚居区逐步推行了民族区域自治。

二、土地改革运动

根据《中华人民共和国土地改革法》，从 1951 年初开始到 1953 年春完成全省土地改革任务。通过土地改革，全省 1194 万无地或少地的农民分得土地 1065 万亩，耕畜 30 多万头，农具 7 万多件，粮食 36 899 吨，以及一部分房屋及其他生活资料，实现了生产者与生产资料的直接结合。土地改革彻底摧毁了封建社会的经济基础，结束了几千年来的封建剥削制度，极大地解放了农村生产力。

三、"三大改造"和社会主义制度的初步建立

完成土地制度改革以后，根据中共中央过渡时期总路线的要求，全省逐步开展了个体农业、个体手工业和资本主义工商业的社会主义"三大改造"。

（一）个体农业的社会主义改造

从 1951 年 3 月 2 日第一个农业生产互助组——贵筑县白云区尖山村赵树华互助组成立，到 1953 年底，全省互助组发展到 22.2 万个；从 1953 年 12 月 20 日第一个初级社——贵筑县白云区尖山农业合作社诞生，到 1956 年 1 月全省初级社发展到 5.66 万个，入社农户占全省总农户的 77.7%；从 1955 年 11 月 23 日全省第一个高级社——铜仁县幸福桥高级农业生产合作社成立，到 1957 年 3 月，全省参加合作社的农户已占农户总数的 97.1%，其中参加高级社的农户占农户总数的 86.4%，以及大力发展农村供销合作社和信用合作社，全省完成了农业个体所有制到集体所有制的改造。

（二）个体手工业的社会主义改造

通过手工业供销合作组织的形式，对个体手工业进行社会主义改造，1956 年 5 月，全省手工业生产合作社（组）发展到 2822 个，入社（组）人员达到 11.26 万人，进入商业、交通部门合作组织 2.34 万人和进入农业生产合作社的 2.8 万人，组织起来的手工业者占应组织起来人数的 93.0%，全省基本上实现了手工业合作化。

（三）资本主义工商业的社会主义改造

1956 年初，全省出现全行业公私合营高潮，1957 年初，全省基本上完成全行业的公私合营。对资本主义工商业的社会主义改造，基本体现了和平改造和实行赎买相结合、对资本主义企业改造和对资本家改造相结合的方针。但在改造过程中，把一部分小商小贩、小手工业者和小业主当作私方人员，定为资产阶级分子，盲目地并入公私合营企业，造成了若干消极后果。

"三大改造"的完成，在贵州初步建立起了社会主义经济制度。

四、有计划的经济建设

根据国家统一部署，1953 年起，贵州开始制定和实施发展国民经济第一个五年计划（以下简称"一五"计划）。

"一五"计划以发展农业为重点，在密切结合农业与农村经济的原则下积极发展地方工业和交通运输业，相应发展其他事业。1957 年，全省提前一年完成"一五"计划，工农业总产值达到 17.88 亿元，超计划 23.7%，比 1952 年增长 64.6%，平均年增长 10.5%，地方财政收入 2.2 亿元，比 1952 年增长 1.23 倍。

"一五"时期全省基本形成计划管理体制。其主要特征为：实行粮食、油料的统购统销和棉布的计划供应；重要工业品生产资料由国家统一分配；以中央统一管理为主，国家统一下达劳动指标，制定统一的工资标准和划分工资区类；实行"统一领导、分级管理"的价格政策；实行"统一领导、划分收支、分级管理"的财政制度；以行政手段为主，对国营企业和公私合营企业实行直接计划管理，对其生产经营下达指令性计划；对农业、手工业和私营企业实行间接计划，将其生产和经营逐步纳入国家计划轨道。

五、"大跃进"和人民公社化

1958 年，贵州和全国一样，经历了"大跃进"运动和人民公社化运动。提出"三年改变落后面貌"口号，制定了不切实际的经济发展高指标和高速度，掀起了"以钢为纲"、全面跃进的"大跃进"运动和人民公社化运动。1958 年 8 月 23 日全省第一个人民公社——贵阳市乌当区东风人民公社诞生至 9 月底，一个多月内，基本实现全省人民公社化。"大跃进"运动和人民公社化运动严重违背了自然规律和经济规律，瞎指挥、浮夸风、"共产"风盛行，使全省国民经济和各项社会事业的发展遭受了一次重大挫折，出现了经济上的严重困难，一些地方发生了人口非正常死亡的严重事件。

1961 年开始，通过总结"大跃进"和人民公社化运动的教训，到 1965 年，各项经济指标基本恢复到 1957 年的水平，实现了国民经济的全面好转。

六、"三线建设"与贵州经济社会发展

贵州是全国"三线建设"的重点地区之一。"三线建设"在贵州建成了航天、航空、电

子三大国防科技工业基地，形成了煤电结合、水火电互济的能源工业体系和以有色金属、冶金、化工、建筑材料为主的原材料工业基础，使贵州的工业化水平有了较大提高，1975 年，全省工业总产值超过农业总产值达到 52.3%。"三线建设"极大地改善了贵州的交通通信条件。在仅有 1959 年建成的黔桂铁路基础上，川黔、贵昆、湘黔铁路和一些省内支线与专用线相继建成，4 条铁路干线成十字交汇，使贵阳成为西南地区重要的铁路交通枢纽。建成了一级干线微波通信系统，开通了贵阳至铜仁、兴义的 12 路载波长途电话，邮运车辆及其他通信设施有较大增加和改善。"三线建设"改变了全省的生产力布局，以贵阳为中心沿铁路干线，逐步形成了六盘水、遵义（今红花岗区）、安顺（今西秀区）、都匀、凯里等一批新兴工业城市和若干工矿集镇，并加速了城市化进程。"三线建设"极大地增强了贵州的科技实力。部分科研单位、教学单位和大批工业企业的迁入，带来了大批科研人员、工程技术人员和较为先进的科研、生产设备，较大地提高了贵州的科学技术水平。

"三线建设"在"文化大革命"特定的历史条件和"要准备打仗"的背景下进行，不可避免地受到"文化大革命"的干扰、破坏和"左"的思想的影响，使"三线建设"形成的基础在相当一段时间内未能充分发挥应有的作用。

七、"文化大革命"对全省经济社会发展的破坏

1966—1976 年，贵州和全国各地一样，发生了"文化大革命"。1967 年 1 月 25 日，"造反派"夺了中共贵州省委、省人民委员会和中共贵阳市委、市人民委员会的权。随后，"造反派"在全省范围层层夺权，各级党的组织陷于瘫痪。"文化大革命"使全省经济社会发展遭到严重破坏。一是国民经济停滞不前，全省财政收入由 1966 年的 3.54 亿元锐减到 1976 年 1.01 亿元。二是教育、科学、文化事业受到严重摧残，1966 年 6 月以后，全省大、中、小学相继停课，许多校舍、仪器被占用，图书资料损失严重。许多科研单位、学术团体停止了活动。不少作家、艺术家、文艺工作者被批斗，许多优秀文艺作品被打成"毒草"。三是人口增长失去控制，人口素质特别是文化素质明显下降。

1976 年 10 月粉碎"四人帮"以后，通过落实干部政策和各项政策，绝大部分领导干部重新走上领导岗位，国民经济和教育、科学、文化事业得到较快的恢复和发展。随着 1978 年党的十一届三中全会召开，贵州进入了改革开放、全面建立社会主义市场经济体制的新时代。

第四节　从改革开放到贵州进入新时代

　　1978 年 12 月 18 日，十一届三中全会在北京举行，做出了把全党的工作重点转移到经济建设上来的决策，我国从此进入了改革开放和社会主义现代化建设的历史新时期。在改革开放的大潮中，贵州奋勇争先、后发赶超，取得了举世瞩目的成就，为西部省份的开发和发展提供了生动的实践和宝贵的经验，创造了改革开放的"西部样本"。

一、农村改革带来山乡巨变

　　1978 年 11 月，关岭县顶云公社率先实行联产承包责任制，创造了"定产到组、超产奖励"的"顶云经验"，与安徽凤阳小岗村一起成为全国农村改革的先声。1981 年底，贵州全省 98.2% 的生产队实行了包干到户，比全国提前了 1 年多。1988 年 6 月，毕节地区被国务院批准为全国农村改革试验区，围绕"开发扶贫、生态建设、人口控制"三大主题开展工作。从 1990 年开始，贵州安排部署了一批省级农村改革试验县，为推动和深化农村改革进行了有益的探索。1993 年，湄潭县和金沙县提出的"增人不增地、减人不减地"的稳定土地经营格局的政策得到中央肯定并在全国推广。2001 年，余庆县开启了"富在农家增收入、学在农家长智慧、乐在农家爽精神、美在农家展新貌"的"四在农家•美丽乡村"社会主义新农村建设经验，走出了一条引导广大农民群众创造文明、发展文明、分享文明的实践之路。2014 年，从盘县普古乡开始，我省农村开展了农村资源变资产、资金变股金、农民变股东的"三变"改革，并于 2017 年、2018 年两次写入中央一号文件。2018 年，贵州以"八要素"[①]推动农村产业革命，以精准打好"四场硬仗"[②]决战脱贫攻坚，大力实施乡村振兴战略，持续激发农村发展新动力，不断开创农村改革发展新局面。

　　改革开放 40 年来，粮食产量从 1978 年的 643.5 万吨增长到 2018 年的 1060 万吨，基本实现了粮食生产的自给自足。粮食作物与经济作物种植比从 1978 年的 85:15 调整为 2018 年的 35:65，其中辣椒、茶叶、火龙果、刺梨等种植规模居全国首位。农业生产方式实现重大转变，农业机械化快速发展，形成了现代山地特色高效农业产业体系。全省农民收入从 1978 年的 109.3 元增加到 2018 年的 9716 元，农村贫困人口由 1978 年的 1840 万

---

① 产业选择、培训农民、技术服务、资金筹措、组织方式、产销对接、利益联接、基层党建。
② 农村公路组组通、易地扶贫搬迁、产业扶贫、教育医疗住房三保障。

人减少到 2018 年的 155 万人，贫困发生率从 2012 年的 26.8% 下降到 4.3%，打造了脱贫攻坚"贵州样板"，谱写了人类脱贫困史上的辉煌篇章。

遵义市余庆县新农村示范区

二、对外开放激活发展活力

从 20 世纪 80 年代开始，贵州就提出"用商品经济的重炮轰开封闭的山门""以开放促开发"，大力发展外向型经济。1994 年出台了《关于实施开放带动战略打好扩大开放总体战的决定》，着力抓好南下出海通道建设和开发区建设。2014 年，贵州明确提出要加快内陆开放型经济新高地、开发区、外贸基地、口岸建设。2016 年国务院批准贵州省为内陆开放型经济试验区，为内陆地区在经济新常态下开放发展、贫困地区如期完成脱贫攻坚任务、生态地区实现生态与经济融合发展探索新路径、积累新经验。

改革开放 40 年来，贵州积极构建立体开放通道，搭建贵安新区等"1+8"国家级开放创新平台，依托数博会、酒博会、中国—东盟教育交流周等重大国际会议平台，参与"一带一路"和长江经济带建设、泛珠三角合作，助推"黔货出山"，将贵州的枢纽优势转化成经济优势。重点推进电子口岸、智慧口岸建设，加快建设航空口岸、陆路口岸、国际贸易"单一窗口"、综合保税区、保税物流中心和保税仓。深化行政体制和"放管服"改革,大力建设法治化国际化便利化的一流营商环境,确保企业引进来、留下来、能发展。截至 2018 年,苹果、高通、戴尔、华为、腾讯、富士康等一批全球 500 强企业落户贵州,全省建成国家级出口商品质量安全示范区 15 个、国家级外贸基地 3 个,其中正安吉他远销巴西、泰国和西班牙等 30 个国家和地区。开通了贵阳—杜伊斯堡的中欧班列,与 160 多个国家和地区建立了经贸关系,国际友好城市和友好省(州)达到 17 对。曾经不沿江、不沿海、不沿边的贵州,正在发挥交通、通信变革带来的区位便利,迎来更多的开放机遇,推进更深层次更高水平的对内对外开放。

三、经济跨越重塑全新形象

从 1978 年开始,贵州就同全国一起,进入了经济发展的快车道。1984 年 10 月《中共中央关于经济体制改革的决定》发布以后,贵州全面推进以城市为重点,以增强企业活力为中心环节的经济体制改革,以适应有计划商品经济的发展。进入 20 世纪 90 年代,贵州进一步解放思想,制定和实施科教兴黔、开放带动、可持续发展战略,大力发展社会主义市场经济,至 20 世纪末,社会主义市场经济体制在贵州初步建立。2000 年,贵州提出了实施西部大开发战略的总体目标,即 5 年打好基础,10 年重点突破,15 年初见成效,把贵州建设成为大西南南下出海通道和陆路交通枢纽,长江、珠江上游的重要生态屏障,中国南方重要的能源、原材料基地,以航天航空、电子信息、生物技术为代表的高新技术产业基地,自然风光与民族文化相结合的旅游大省。2005 年,贵州认真总结经验,逐步形成了环境立省、科教兴省、人才强省、开放带动、创新发展"五大总体战略"。2011 年,中共贵州省委十届十次全会提出"加速发展、加快转型、推动跨越",重点实施"工业强省"和"城镇化带动"主战略。2012 年 2 月,国务院出台了《关于进一步促进贵州经济社会又好又快发展的若干意见》(国发〔2012〕2 号),将贵州发展上升为国家战略,给贵州经济社会发展带来重大的历史机遇,提供了强大的发展动力。国发〔2012〕2 号文件把贵州定位为"四个基地一个枢纽""三区一屏障",提出了"黔中带动、黔北提升、两翼跨越、协调推进"的原则,给贵州转型发展勾画出了一幅宏伟蓝图。2015 年,贵州按照中央要求加强供给侧结构性改革,做强大数据、大旅游、大生态"三块长板",补齐脱贫攻坚、基础设施、教育医疗事业"三块短板"。2017 年,贵州提出要坚持稳中求进工作总基调,深入推进供给侧结构性改革,牢牢守住发展和生态两条底线,全力实施大扶贫、大数据、大生态三大战略行动,更加有效地实施改革推动、开放带动、创新驱动、产业拉动,加快推动经济转型发展。

改革开放 40 年来，全省地区生产总值（GDP）从 1978 年的 46.6 亿元增长到 2018 年的 1.48 万亿元，增长了 318 倍。人均生产总值从 1978 年的 175 元增长到 2018 年的 41 244 元，增长了 236 倍。全省财政总收入从 1978 年的 14.2 亿元增长到 2018 年的 2973.36 亿元，增长了 209 倍。截至 2018 年，贵州经济增速连续 15 年保持两位数增长，连续 7 年位居全国前 3 位，与全国差距进一步缩小，实现了赶超进位的历史性跨越。规模以上工业企业总产值从 1978 年的 37 亿元增长到 2018 年的 13 290 亿元，增长了 359 倍，集约化、高端化、绿色化、智能化、特色化的贵州现代化工业体系逐步建成。实现了县县通高速、乡乡通油路、村村通公路，立体化、快捷化、多元化的交通运输体系已经形成。旅游业迎来"井喷式"发展，2018 年接待旅游人数达 9.69 亿人次，旅游总收入 9471.03 亿元，全域旅游日益完善。贵州大数据相关企业从 2013 年不足 1000 家，增长到 2018 年的 9500 多家，大数据产业规模总值超过 1100 亿元，数字经济增速连续三年全国第一，数字经济已成为支撑贵州 GDP 增长的重要因素。

四、社会进步增进民生福祉

贵州在大力发展经济的同时，也高度重视社会各项事业发展。1995 年，贵州开始实施科教兴黔战略，2006 年，全省各县通过"两基"[①] 攻坚达标验收，"两基"教育人口覆盖率达 100%。2018 年召开了全省教育大会，提出要举全省之力优先发展教育，全面落实立德树人根本任务，注重提高教育质量，着力深化教育改革开放，奋力开创教育服务经济社会发展的新局面。科技发展环境不断改善，科技创新能力稳步提升，科技支撑和引领经济社会发展作用明显，2007 年马克俭当选中国工程院院士，成为我省第一名院士，2016 年"中国天眼（FAST）"在平塘县落成启用。公共文化服务设施建设力度不断加大，一批展示贵州特色、展现贵州风貌的文学作品、歌曲、舞蹈、戏剧、电视剧、电影等精彩纷呈，2009 年，贵州侗族大歌申遗成功，被列入联合国人类非物质文化遗产代表作名录。全面启动实施基本和重大公共卫生服务项目，落实国家基本药物制度，城乡基层医疗卫生服务体系已经形成，2007 年全省 88 个县（市、区、特区）全部实行了新型农村合作医疗制度。全民健身服务体系逐步完善，人民体质明显增强，体育产业稳步发展，竞技体育成绩进步显著，2008 年邹市明在第 29 届奥运会 48 公斤级拳击比赛中夺得金牌，为贵州赢得了第一枚奥运会金牌。不断加大社会保障资金投入力度，积极发展社会福利事业，建立健全社会救助体系，2012 年新型

---

① 基本实施九年义务教育和基本扫除青壮年文盲。

农村养老保险制度和城镇居民社会养老保险制度实现了全覆盖。

改革开放 40 年来，普通高校在校生数从 1978 年的 1.33 万人增长到 2018 年的 68.75 万人，增长了 52 倍。医疗卫生机构数量从 1978 年的 6274 个增长到 2018 年的 28 072 个，增长了 4.5 倍。社会消费品零售总额从 1978 年的 21.23 亿元增长到 2017 年的 4154 亿元，增长了 196 倍。2018 年，全省城镇、农村常住居民人均可支配收入分别达到 31 592 元和 9716 元，分别比 1978 年增长了 121 倍、89 倍。全省城镇化率由 1978 年的 12.1% 增长到 2018 年的 47.5%，平均预期寿命从 1980 年的 67.88 岁增长到 2017 年的 73.78 岁。此外，贵州还创下了在全国率先实现农村义务教育学生营养改善计划全覆盖、率先全面免除中职学生学费、率先实现远程医疗省市县乡四级全覆盖，实现了由贫困到温饱，再由温饱到总体小康的历史性跨越。

五、生态文明构建绿色家园

早在 1988 年毕节试验区成立时，就明确把"生态建设"作为主题，以生态建设促进经济发展。1990 年，贵州做出了通过长江防护林体系建设带动，大力加强生态环境建设的决定。进入新世纪，贵州陆续启动了"退耕还林还草工程""珠江防护林二期工程""自然保护区建设工程""水资源保护工程"。2007 年成立了全国首家环保法庭——清镇市人民法院生态保护法庭。2008 年贵州 55 个县纳入了国家石漠化综合治理试点工程，努力恢复自然植被。2009 年贵州在三岔河流域实施"河长制"，成为西部首个试行河长制的省份。2009 年 7 月，首届生态文明贵阳会议召开，2013 年升格为国家级国际性论坛，成为我国唯一以生态文明为主题的国际论坛。2014 年出台了《贵州省生态文明建设促进条例》。2016 年贵州被纳入首批国家级生态文明试验区，标志着贵州的生态文明建设和大生态发展站在了新的历史起点。

改革开放 40 年来，全省森林覆盖率从 1978 年的 17.4% 增长到 2018 年的 57%。2018 年县城以上城市空气质量优良天数比率达到 97.7%。绿色经济占地区生产总值比重提高到了 37%。"绿水青山就是金山银山"的生态文明理念已经贯穿经济社会发展全过程，贵州正大力发展绿色经济、建造绿色家园、完善绿色制度、筑牢绿色屏障、培育绿色文化，推动大生态与大扶贫、大数据、大旅游、大健康、大开放的协同融合，走出一条有别于东部、不同于西部其他身份的发展新路。

贵州的实践充分证明：没有改革开放，贵州不可能有这样的成就；只有进一步深化改革开放，贵州的明天才能有更大的成就。改革开放 40 年，是贵州团结奋进、后发赶超的 40 年，是贵州走向世界、世界分享贵州的 40 年。贵州全省上下坚持以习近平新时代中国特色社会主义思想为指导，抒写了改革发展的壮丽史诗，贵州经济社会发生了深层次、根本性的变化，被习近平总书记誉为"党和国家事业大踏步前进的一个缩影"。党的十九大作出了"中国特色社会主义进入新时代"的重大判断，站在新的历史起点，贵州将在"经济洼地"中奋力攀高、在"坚守底线"中加快转型、在"改革开放"中砥砺前行，以更加开放的胸襟、更加昂扬的斗志、更加务实的态度，昂首阔步走向世界。

 贵州行政区划 ···

　　截止 2018 年底，贵州省辖贵阳、遵义、六盘水、安顺、毕节、铜仁 6 个地级市，黔东南、黔南、黔西南 3 个民族自治州；有 9 个县级市、52 个县、11 个民族自治县、15 个市辖区和 1 个特区。

　　贵阳市，下辖观山湖区、南明区、云岩区、花溪区、乌当区、白云区、清镇市、开阳县、息烽县、修文县。

　　遵义市，下辖汇川区、红花岗区、播州区、赤水市、仁怀市、桐梓县、绥阳县、正安县、凤冈县、湄潭县、余庆县、习水县、道真仡佬族苗族自治县、务川仡佬族苗族自治县。

　　六盘水市，下辖钟山区、盘州市、六枝特区、水城县。

　　安顺市，下辖西秀区、平坝区、普定县、镇宁布依族苗族自治县、关岭布依族苗族自治县、紫云苗族布依族自治县。

　　毕节市，下辖七星关区、赫章县、纳雍县、织金县、黔西县、金沙县、大方县、威宁彝族回族苗族自治县。

　　铜仁市，下辖碧江区、万山区、江口县、石阡县、思南县、德江县、玉屏侗族自治县、印江土家族苗族自治县、沿河土家族自治县、松桃苗族自治县。

　　黔东南苗族侗族自治州，下辖凯里市、镇远县、黄平县、施秉县、三穗县、岑巩县、天柱县、锦屏县、剑河县、台江县、黎平县、榕江县、从江县、雷山县、麻江县、丹寨县。

　　黔南布依族苗族自治州，下辖都匀市、福泉市、荔波县、贵定县、瓮安县、独山县、平塘县、罗甸县、长顺县、龙里县、惠水县、三都水族自治县。

　　黔西南布依族苗族自治州，下辖兴义市、兴仁市、普安县、晴隆县、贞丰县、望谟县、册亨县、安龙县。

国家级新区——贵安新区

　　国家级新区，是由国务院批准设立，承担国家重大发展和改革开放战略任务的综合功能区。新区的成立乃至于开发建设上升为国家战略，总体发展目标、发展定位等由国务院统一进行规划和审批，相关特殊优惠政策和权限由国务院直接批复，在辖区内实行更加开放和优惠的特殊政策，鼓励新区进行各项制度改革与创新的探索工作。

　　2014年1月6日，国务院正式同意设立国家级新区——贵州贵安新区。贵安新区位于贵州省贵阳市和安顺市结合部，区域范围涉及贵阳、安顺两市所辖4县（市、区）21个乡镇。贵安新区是黔中经济区核心地带，区位优势明显，地势相对平坦，人文生态环境良好，发展潜力巨大，具备加快发展的条件和实力，将建设成为经济繁荣、社会文明、环境优美的西部地区重要的经济增长极、内陆开放型经济新高地和生态文明示范区。

　　贵安新区还是南方数据中心核心区、全国大数据产业集聚区、全国大数据应用与创新示范区、大数据与服务贸易融合发展示范区、大数据双创示范基地、大数据人才教育培训基地。

全国首个以大数据、创客为主题的公园——贵阳大数据创客公园

⑧微人物：中共一大代表——邓恩铭

邓恩铭（1901—1931），又名恩明，字仲尧，男，水族，贵州荔波人。山东中共党组织的创始人之一。五四运动爆发后，邓恩铭积极响应北京学生爱国运动，组织学生参加罢课运动。1920年11月，他与王尽美等组织励新学会，介绍俄国十月革命，抨击社会现状。1921年春，邓恩铭参与建立济南的共产党早期组织。同年7月赴上海出席中国共产党第一次全国代表大会，是中国共产党创建人之一。1922年，受到列宁的亲切接见。1925年2月8日，组织领导青岛胶济铁路工人大罢工，历任中共青岛市委书记、中共山东省委书记。1928年12月，邓恩铭在济南被捕，1931年4月就义。2009年9月，邓恩铭被中央宣传部、中央组织部等11个部门评选为"100位为新中国成立作出突出贡献的英雄模范人物"。

⑧微人物：老一辈无产阶级革命家——王若飞

王若飞（1896年10月—1946年4月8日），男，出生于贵州安顺，杰出的共产主义先驱、中共领导人。青年时代，王若飞参加过辛亥革命和讨伐袁世凯运动。1922年6月，王若飞与赵世炎、周恩来等发起成立"旅欧中国少年共产党"，积极从事马列主义的宣传。1923年由法国共产党党员转为中国共产党党员，先后任豫陕区党委书记，中共中央秘书长，江苏党委省农委书记，并作为中共代表团代表之一，与毛泽东、周恩来赴重庆谈判，同国民党政府签订了著名的《双十协定》。1946年4月8日，王若飞乘飞机回延安，因飞机失事于山西兴县黑茶山不幸遇难，终年50岁。2009年，王若飞被中央宣传部、中央组织部等11个部门评为"100位为新中国成立作出突出贡献的英雄模范人物"。

微故事：龙场悟道

　　明正德元年（1506）冬，王阳明因反对宦官刘瑾，被廷杖四十，谪贬为龙场驿丞。王阳明来到龙场，身处万山丛中，饥寒交迫，人地生疏，言语不通，生活条件极其艰苦。当地百姓为他建房，彝族土司安贵荣雪里送炭，经常派人给他送米、送肉、送鸡鸭和柴薪，还馈赠金帛鞍马，给了他极大帮助。

　　他在龙场三年，于逆境中尽日"端居默坐"，清静寡欲，默记《五经》要旨，冷静思索，跳出引经据典的窠臼，反复琢磨程朱理学，然而终觉"支离破碎""学术不明"。当他结合个人惨遇和龙场人民对他无私的帮助，深感"去人欲"才能"存天理"，于是豁然开朗，创立新说以"补偏救弊"，终于悟出了"圣人之道，吾性自足，向之求理于事物者误也"。即是说：人的真善美、假丑恶都是一种表面现象，真正的价值在人们的心中。这就是史称的"龙场悟道"。

千古一绝：心学大师王阳明龙场悟道

第四章　多民族团结互助的社会生态

　　贵州是一个多民族的省份，在漫长的历史进程中，贵州各族人民长期团结合作，和睦相处，共同繁衍生息和劳动，民族文化繁荣多彩，民族关系团结和睦，正加快建设民族团结进步繁荣发展示范区。

第一节　人口发展与多民族共同繁荣

一、历史上多次人口迁徙活动与多民族社会环境的形成

　　贵州是一个多民族交错杂居和一些民族成片聚居的省份。贵州多民族的社会环境是在漫长的历史发展过程中经过多次人口迁徙活动而形成的。据有关史料介绍，贵州古老的民族有仡佬族的先民"濮"，布依、侗、水等民族的先民"百越"和彝族的先民"叟"。"濮"主要分布在中部地区，"百越"主要分布在东部、南部及西部地区，"叟"主要分布在西部地区。相传苗族的先民是"九黎""三苗"，因为在与华夏部落的战争中失败，所以被迫向西迁徙，大约在秦汉之际，已在今湘西、铜仁、松桃等地的五溪地区居住，称"五溪蛮"，是贵州比较古老的民族之一。

　　春秋末年，中原地区的人口开始进入今贵州地区。

庄蹻入滇 ····································

> 楚威王时（公元前339—公元前329），派庄蹻率兵循江而上，略巴、黔中以西，经且兰（今福泉一带）、夜郎（今安顺一带）入滇。庄蹻平定云南以后，其归路被秦切断，只好易其服，从其俗，留在云南为王。庄蹻所率兵士，大部分留居云南，也有少数散居于今贵州地区，逐步与当地少数民族结合。

秦统一中国以后，在岭南广大地区设置南海郡、桂林郡、象郡（辖有今贵州南部），除直接派遣官吏统治外，还把中原地区几十万人口迁徙到这些地方去，"戍五岭，与越杂处"。西汉时期，在今贵州地区继续推行郡县制，除派遣官吏外，还"募豪民田南夷"，一些汉族"豪民"举家迁入，同时还把一些"罪人""谪民"遣送到西南夷地区从事屯垦。随着郡县制在贵州的确立和巩固，历代封建王朝不断向今贵州地区派遣官吏或移民，人口不断增长，民族成分也日益增多。隋唐以后，今贵州地区成了"发配充军"的地区之一，许多官吏和文人因触犯朝廷而被谪贬到贵州。从春秋末年到元代以前的多次人口迁徙中，有相当一部分是汉族人口，因此，汉族也是贵州的古老民族之一。

元代以后，为了加强对西南地区的统治，封建王朝派遣大量军队戍边屯垦。贵州是推行屯田的主要地区之一，元明至清，随着屯田制的推行，大批省外人口迁入并留居贵州，除汉族人口外，还有满、蒙、回等少数民族，逐步成为贵州的世居民族。到了近代，随着经济社会的进一步发展，进入贵州进行开发和从事贸易的人口逐渐增多。抗日战争期间，沿海地区相继沦陷，大量人口进入贵州，使贵州人口数量有较大的增长，民族成分进一步增多。

二、当代人口发展与民族构成

贵州解放后，人口发展进入快速增长期。从贵州解放到1953年7月1日第一次全国人口普查时，全省人口由1416.5万增加到1503.73万。在全省总人口中，汉族人口为1109.84万，占全省总人口的70.55%；少数民族人口为393.89万，占全省总人口的29.45%。1949—1959年，随着人民生活水平的提高和医疗保健事业的发展，人口出生率上升，死亡率下降，自然增长较快，加上来自全国各地的人口进入贵州，与贵州各族人民共同进行社会主义建设，到1964年7月1日第二次全国人口普查时，全省总人口达到1714.05万。在全省总人口中，汉族人口为1312.89万，占全省人口的76.59%；少数民族人口为401.16万，占全省总人口的 23.41%。1964—1975 年，"文化大革命"中，由于忽略计划生育工作，人口增长一度失控，此外，由于有来自全国各地的人口参与贵州的"三线建设"，人口增至 2530.95 万人，年均递增 3.28%。

改革开放以来，贵州在人口数量、质量及结构等方面发生了根本性的变化，人口集聚效应显著提升、城镇化进程稳步推进，特别是党的十八大以来，伴随供给侧结构性改革的逐步深入以及社会化治理水平逐步提高，全省人口发展态势进入新的历史阶段，形成了人口与经济社会协调发展的良好态势。可以分为四个阶段：第一阶段，1978—1990 年，这一阶段的主要特点是常住人口与户籍人口增速基本保持一致，人口再生产类型属于传统的高出生、高自然增长；第二阶段，1991—2000 年，总人口增速放缓，随着社会主义市场经济的不断深化，全省人口流动开始加速，外出人口特别是外出省外人口数量巨大；第三阶段，2001—2010 年，这一阶段贵州省人口再生产类型完成了从传统型向现代型的转变，即低出生、低死亡、低自然增长的"三低"态势，常住人口呈负增长，人口迁移流动更加频繁活跃，影响巨大；第四阶段，2011 年至今，贵州省努力适应经济发展新常态及高质量发展需求，人口发展进入平稳时期，在这个阶段，社会治理、产业升级带动城市人口分布再优化。

性别构成：在历次人口普查中，贵州男性的比例略高于女性，并呈上升趋势。2008 年男性人口为 1971.11 万，女性人口为 1821.89 万，男女性别比是 52.0:48.0。2010 年第六次人口普查贵州省常住人口中，男性人口为 1795.15 万人，女性人口为 1679.5 万人，男女性别比是 51.66:48.34。2018 年全省常住总人口为 3600.00 万人，男性人口 1859.95 万人，女性人口 1740.05 万人，性别比（以女性为 100）为 106.89。总人口性别比继续优化，性别结构更趋协调。

年龄构成：贵州青壮年人口比例较大，中老年人口逐年增加。2010—2015 年，0—14 岁人口占比呈现持续走低，直至 2016 年全面二胎生育政策出台后才出现缓慢回升，全社会的抚养负担逐年增加，人口红利逐年递减；2010 年以来，65 岁及以上人口一直呈增长趋势，老龄化程度持续加剧。2018 年全省常住总人口中，0—14 岁人口占 22.46%，15—64 岁人口占 67.01%，65 岁以上人口占 10.53%。从贵州人口的发展趋势来看，贵州步入老龄化社会的行列，对于由此所产生的社会问题应当做好准备。

城乡构成：人口城镇化进程加速发展，2013—2017 年常住人口城镇化率增幅连续四年位居全国第一位，五年间，贵州省常住人口城镇化率从 37.83% 提高到 47.52%，年均增长 1.94 个百分点；五年间，全省常住人口城镇人口从 1324.89 万人增长到 1710.72 万人，年均增长 77.17 万人。

民族构成：2000 年全国第五次人口普查时，贵州登记的总人口有 3524.77 万人，共有 56 个民族成分。汉、苗、布依、侗、土家、彝、亿佬、水、白、回、壮、蒙古、畲、瑶、毛南、仫佬、满、羌 18 个民族为贵州的世居民族。在全省总人口中，汉族人口为 2191.2 万人，为 62.16%；少数民族人口为 1333.6 万人，为 37.8%。2010 年全国第六次人口普查时，贵州省常住人口中，汉族人口为 2219.8 万人，占 63.89%；各少数民族人口为 1254.8 万人，占 36.11%，少数民族人口总量和人口占全省人口比重在全国分列第四位和第五位。

教育年限：2011 年以来，全省常住人口平均受教育年限呈现逐年增长态势。2018 年，15 岁及以上常住人口平均受教育年限达到 8.58 年，标志着 15 岁及以上人口基本上完成了 9 年义务教育，达到了初中及以上文化程度，整体受教育水平继续稳步提高。2017 年，高中（含中职）人口比重达到 11.21%，大专及以上（含大学专科、大学本科、研究生）人口比重达到 9.72%。这些受过高等教育和有专业技能的人才，是加快推动全省经济结构转型升级的宝贵资源和优势，是促进人口红利向人才红利转变的重要支撑力量。

预期寿命：2017 年，全省人口平均预期寿命达到 73.78 岁，比 2011 年提高 2.42 岁，年均增加 0.40 岁。2011 年以来，全省年均出生人口 46.66 万人，出生率保持在 13‰ 左右。年均死亡 24.69 万人，死亡率保持在 7‰ 左右。人口自然增长率在 6‰ 左右小幅波动。

第二节　贵州民族的主要特点

一、贵州民族的分布及居住特点

贵州民族居住特点是多民族交错杂居和一些民族成片聚居。18 个世居民族的分布情况是：汉族分布于全省各地，贵阳、遵义、安顺、六盘水等地较为集中；苗族主要集中在黔东南、黔南、黔西南 3 个自治州各县，毕节市、铜仁市各县，六盘水市，贵阳市郊区；布依族主要分布在黔南、黔西南两个自治州各县，安顺市，贵阳市郊区，六盘水市；侗族主要分布在黔东南自治州各县，铜仁市玉屏侗族自治县、江口县、石阡县，万山区；土家族主要分布在铜仁市沿河土家族自治县、印江土家族苗族自治县，黔东南自治州镇远县、岑巩县，遵义市道真亿佬族苗族自治县；彝族主要分布在毕节市各县，六盘水市各县；亿佬族主要分布在遵义市务川、道真亿佬族苗族自治县，安顺市平坝区、普定县、关岭布依族苗族自治县，铜仁市石阡县，毕节市黔西县；水族主要分布在黔南自治州三都水族自治县、荔波县、都匀市、独山县，黔东南自治州榕江县；回族散居在毕节市威宁彝族、回族、苗族自治县，黔西南自治州兴仁市，安顺市平坝区、普定县，六盘水市盘州市；白族主要分布在毕节市大方县、威宁自治县、七星关区、织金县、黔西县、赫章县，六盘水市盘州市；壮族主要分布在黔东南自治州从江县、黎平县，黔南自治州独山县、荔波县；瑶族主要分布在黔南自治州荔波县，黔东南自治州从江县、丹寨县、榕江县，黔西南自治州望谟县；畲族主要分布在麻江、凯里、都匀、福泉等县（市）；毛南族主要分布在平塘、独山、惠水等县；满族主要分布在毕节市黔西县、大方县、金沙县；蒙古族主要分布在毕节市大方县、七星关区、黔西县、金沙县、纳雍县，铜仁市石阡县；仫佬族主要分布在黔东南自治州麻江县、凯里市、黄平县，黔南自治州福泉市、都匀市、瓮安县；羌族主要分布在铜仁市石阡县、江口县。

世界上最大的苗寨——西江千户苗寨

二、贵州民族的语言文字状况

贵州民族语言基本上属于汉藏语系中的普通话、苗瑶、壮侗、藏缅等语族。各民族不仅使用本民族的语言在民族内部进行交流，而且绝大多数少数民族同胞还通晓和使用汉语普通话，并以汉语作为交流的基本工具，一部分少数民族直接使用汉语普通话。在少数民族中，苗族、布依族、侗族、彝族、仡佬族、白族、水族、壮族、瑶族、畲族、毛南族、仫佬族都有自己的语言。少数民族语言均属汉藏语系，分属苗语、瑶语、壮傣语、侗水语、彝语5个语支；各种语言内又分为若干方言、次方言和土语，特别是苗、瑶语比较复杂，各地差异很大，方言、次方言之间甚至不能通话。

贵州解放前，彝族、水族、布依族、侗族也有过"土俗字"，在经文、祭文上用过。彝文是一种音缀文字，称"爨文"或"韪书"，历史比较久远，明、清以来彝族文人用这种文字写下了许多民族典籍，内容涉及彝族历史、神话传说、宗教、天文历法、文学艺术等。水文是一种古老的文字，使用的单字共有400个左右，通用的有100多个。从字形看，有的属象形文；有的类似汉文的甲骨文、金文；有的则是仿汉字倒写或反写，所以也称为"反书"。省内少数民族大多操本民族语言，特别是在聚居区和本民族交往时都用本民族语言交谈。但是在民族杂居区，尤其是青壮年男子中，除本民族语言外，有的还能用包括汉语在内的三四种民族语言进行交往。解放后，国家帮助苗族、布依族、侗族创制了文字，在民族聚居地区推广运用。

三、贵州民族文化及宗教信仰情况

（一）民族文化

贵州少数民族能歌善舞，传统音乐舞蹈绚丽多姿，贵州各民族音乐歌舞种类繁多，戏剧艺术各具特色，民族节日和民族风俗丰富多彩。

1. 音乐

歌曲：苗族的歌曲可分为飞歌、游方歌、风俗歌、叙事歌、祭祀歌等几种。布依族的歌曲根据歌词使用情况，其民歌可分为布依语民歌和汉语民歌两种。根据内容和演唱场合，可分为情歌、生产劳动歌和风俗歌等。侗族分为南、北两个方言区。北侗的民歌有山歌、玩山歌、河边歌、好事歌（酒歌）、伴嫁歌等。南侗的音乐大致可分为大歌、小歌、礼俗歌和叙事歌几种。水族民歌主要分为双歌、单歌、调词、"诘俄呀"和儿歌等。仡佬族歌曲主要有山歌、情歌、酒歌、婚俗歌、祭祀歌和儿歌等。土家族歌曲有山歌、打闹歌、风俗歌、祭祀歌、哭嫁歌、劳动歌、"溜子乐"等。彝族民歌有以反映青年男女爱情生活为内容的"曲谷"，用汉语演唱的歌曲"霎叉"（汉歌）、婚事歌、丧事歌、叙事歌、"毕摩"歌以及儿歌等。

国家级非物质文化遗产——布依族八音坐唱

乐器：苗族乐器最著名的是芦笙。其他有芒筒、唢呐、大号、直箫、竹笛、口弦、古瓢琴、二胡、四胡、木鼓、铜鼓、皮鼓、大筛锣、大锣、包包锣、大镲、小镲、木叶等。布依族的乐器有铜鼓、唢呐、"勒友"、"勒浪"、"笔管"、姊妹箫、对箫、牛骨胡、葫芦琴、笛子、月琴、皮鼓、大锣、小马锣、芒锣、小钹、小镲、木叶等。侗族乐器主要有琵琶、牛腿琴、芦笙、侗笛、唢呐、二胡、锣鼓、镲、木叶等。水族乐器有铜鼓、皮鼓、芦笙、唢呐以及二胡等。土家族乐器有唢呐、二胡、箫、月琴、包包鼓、小镲、鼓等。"溜子乐"是土家族中广为流传的一种打击乐。仡佬族乐器有芦笙、唢呐、锣鼓、泡木筒、木叶、箫、笛、月琴、二胡、四胡等。彝族乐器主要有唢呐、月琴、二胡、锣、鼓、钹等。

2. 舞蹈

贵州各民族舞蹈种类很多，富有鲜明的民族特色。苗族：芦笙舞是苗族一种流行最广、最具特色的舞蹈形式。舞姿可表现社会生活的各个方面。反排木鼓舞的动作热情奔放，被誉为"东方迪斯科"。"锦鸡舞"也很有特点，整个舞蹈就犹如锦鸡觅食，富有浓郁的生活气息。此外，在黔东南、黔南和黔西南的一些苗族地区还流行板凳舞、铜鼓舞等。布依族：舞蹈有模拟鸟类和兽类的鸟兽舞，有在祭祀仪式上表演驱邪逐魔、祈福禳灾的祭祀舞，还有表现生产、生活、斗争以及风俗等的民俗舞。侗族：舞蹈有"多耶"、芦笙舞、"龙喘"、舞龙、舞狮等。土家族：最著名的舞蹈是摆手舞。此外，土家族还流行梅山舞、跳马舞、龙灯舞和蚌壳舞等。彝族：舞蹈有在婚礼期间表演的"阿妹凯"（姐妹歌舞）、丧礼期间表演的"肯合贝"（也称"铃铛舞"或"跳脚"），反映生产劳动的"撒荞舞""栽小麦"以及儿童舞"阿西里西"和节日舞"钻龙门"等。仡佬族：舞蹈主要有踩堂舞、酒礼舞、龙灯舞和狮舞等。水族：舞蹈主要有铜鼓舞、斗角舞等。瑶族：舞蹈主要有猴鼓舞、打猎舞和长鼓舞等。毛南族：毛南族中也流行猴鼓舞。

3. 戏剧

贵州少数民族戏剧，有巫术色彩较浓的傩戏，有从汉族中移植过来的花灯戏，还有综合性较强的布依戏和侗戏。傩戏：贵州好几个民族都有傩戏，分为巫傩和军傩。巫傩在苗族、布依族、侗族、土家族、彝族和仡佬族等民族中均比较流行；军傩流行于安顺市和贵阳市一带，是明代调北征南的明朝汉族军队带入贵州的。花灯戏：贵州少数民族中，流行花灯戏的主要有布依族、土家族、仡佬族、苗族等民族，其中尤其以独山布依族花灯和黔东一带土家族花灯最为有名。布依戏和侗戏：是贵州少数民族中流行的综合性、娱乐性、功能性更强的戏剧艺术形式。

4. 民族节日

贵州的民族文化和民俗风情的集中体现最为典型的是五彩缤纷的民族节日。"三里不同风，五里不同俗；大节三六九，小节天天有"的民谣正是民族节日繁多的真实写照。贵州的民族节日大体可以分为三大类：第一类是祭祀性节日，如"鼓社节"等，其特点是神奇肃穆，排场隆重，老年人主持参与为多；第二类是生产性节日，如"吃新节"等，其特点是农事季节性强，中壮年人主持参与为多，场面虽不很大，但分布较广，伴随着农贸集市十分活跃；第三类是社交性节日，如"姊妹节""芦笙会""查白歌节"等，其特点是热烈欢快，青年人主持参与为多，这是青年人谈恋爱择偶的节日，其场面壮观，活动内容丰富，流动范围广，而且往往在几个县市接壤的区域更为隆重。社交性节日最多，几乎占全部节日的80%。

贵州民族节日的活动内容丰富多彩，主要有对歌、跳芦笙、射箭、斗牛、摔跤、登山、划船、耍狮、舞龙等数十种。纷繁多姿的民族节日集民族风俗、民族歌舞、民间工艺、民间贸易于"一堂"，是制度化了的民族民间艺术节。它不仅调节和丰富了人们的精神生活和物质交流，而且也使贵州的旅游业魅力倍增。

人类非物质文化遗产——侗族大歌

 贵州部分民族节日 ┄┄┄┄┄┄┄┄┄┄┄┄┄┄┄┄┄┄┄┄┄┄┄┄┄┄┄┄┄┄┄┄┄┄┄┄

"四月八"节：每年农历四月初八，是贵州一些地区苗族群众的传统节日。

姊妹节：又称"姊妹饭"节，是黔东南清水江流域一带苗族的传统节日。

苗族龙船节：每年农历五月下旬，清水江流域的苗乡都要举办龙船节。台江施洞一带的龙船节最为壮观。

吃新节：每年农历七八月间新谷成熟时，贵州各地的苗族、侗族、仡佬族等少数民族都有过"吃新节"的传统。

苗年：是苗族祭祀祖先和庆祝丰收的节日，无统一固定日期，一般是在农历十月的第一或第二个卯日，也有的地区在寅日、丑日或亥日过。

布依族"六月六"节：是贵州多数地区布依族祭祀灶神、山神的节日。有的地方甚至把过春节称为"大年"，而把过"六月六"叫作"小年"。

侗年：侗族大部分地区因受汉文化影响，侗年已被春节代替，但在榕江等县仍依古俗先过侗年。

水族端节：是黔南都匀、三都、荔波等市、县水族民众最为盛大和历时最长的节日，节期自水历十二月至新年二月上旬（相当于汉族农历的八月至十月上旬）。

水族卯节：水语叫"借卯"，意译为"吃卯"，是水族别具特色的又一传统节日，于每年水历十月（相当于农历六月）辛卯日举行。

彝族火把节：又称"火草节"，是黔西和黔西北一带彝族民间的传统节日，于每年农历六月初六或六月二十四日举行。

彝年：彝族传统的过年，在贵州已失传很久，1983年，始由大方县民委在本县天宝村组织恢复。过彝年的时间是农历十月初一至初五。

土家族"赶年"：印江、江口等县的土家族人有过"赶年"的传统，于每年腊月二十八或二十九日进行。

瑶族"盘王节"：又称"达努节""祖娘节"和瑶年，是瑶族最隆重的民间节日，于每年农历十月十六日举行。

5. 民族风俗

民族风俗是指各民族在服饰、饮食、居住、生产、婚姻、丧葬、节庆、娱乐、礼仪等物质生活和文化生活方面的喜好、习尚和禁忌等。风俗习惯是各个民族政治、经济和文化生活的反映，在不同程度上反映着民族的生活方式、历史传统和心理感情，是民族特点的一个重要方面。

服饰。民族服饰是民族历史、心理素质、审美意识积淀的印记。苗族服饰有100多种，其中黔东南苗族妇女多穿百褶裙，百褶裙长短不一，长的可及脚背，也有过膝、过小腿的；短的仅一尺许，用包布拼镶做成，色彩绚丽，工艺精湛。侗族服饰可分为南、北两类，南部妇女穿裙裹绑腿，头系布抹额，也有穿裤配右衽无领的大襟上衣；北部侗族多穿短衣长裤。布依族服饰男性式样简单，多穿青色或蓝色对襟上衣和长裤；女性则具有浓厚的民族特点，大多数穿裤，也有穿裙的。喜欢蜡染，领肩、襟袖、衣摆都镶有花边。地区不同，服饰也各异，包头帕、戴围腰，妇女喜欢银饰物。彝族无论男女老幼，经常身披羊毛织的披衫"瓦拉"（汉语称"擦尔瓦"）。妇女上着短衣，下穿百褶裙，外披"瓦拉"。水族妇女上着无领对襟银扣上衣，下装多为百褶裙，扎裹腿，穿大脚裤和绣花鞋。土家族妇女着大袖衣。瑶族服饰，"白裤瑶"男子穿及膝白色短裤，再以脚布罩住小腿，下端悬挂两颗彩色绣球；妇女穿裙，裙分里外5层放长，臀部以棉布铺垫使其宽厚，充分显示出女性特征。壮族妇女服饰崇尚黑色，多穿百褶裙。贵州少数民族妇女都喜欢佩戴银质项圈、手镯、耳环、银扣、银花、银冠、戒指、银梳子等，苗族妇女盛装时可戴项圈四五个、手镯八九对。

饮食。贵州各少数民族（回族除外）都喜酒，一般自酿自饮，有甜酒、咂酒和烧酒等。此外，土家族的水酒、苗族的米酒、彝族的水花酒、水族的九阡酒、布依族的刺梨酒、侗族的糯米酒都各具特色。各民族喜欢食辣、酸和腌制品。辣、酸是常备调味品；腌肉、腌鱼是待客佳肴。侗族的油茶、彝族的荞麦炒面、苗族的酸汤鱼、布依族的花江狗肉等都享有盛名。此外，回族的饮食讲究严格，通常只吃牛、羊、驼等反刍类偶蹄食草动物和食谷禽类以及带鳞的鱼类，不食猪、马、驴、骡、狗肉，不食自死的动物，不食动物血，尤其禁食猪肉，不食未经阿訇诵念真主之名而宰杀的肉食。

民居。贵州少数民族大都依山傍水而居，选择水源好、燃料方便、离耕地较近之处建立村寨，多以血缘集族而居。苗族多建木制吊脚楼，中部贵阳、安顺和黔西南地区的布依族和汉族以石块为墙、石板代瓦建造石板房，侗族则喜住木制干栏式民居。少数民族十分爱护牛、猪、羊等牲畜，一般多关养在楼下或楼旁偏屋。

婚俗。贵州少数民族实行一夫一妻制。由于地区和支系的不同，同一民族恋爱方式的叫法不同，内容亦各有变化。如苗族的"游方"、布依族的"浪哨"、瑶族的"凿壁谈婚"、侗族的"行歌坐月"等，各有不同的社交方式。青年男女谈情说爱时，又常常伴以唱歌、跳舞、奏芦笙、吹木叶、丢花包等文体活动，它们是贵州各民族生活中最为鲜活、最富有情趣的部分。

葬俗。贵州少数民族的葬俗种类较多，土葬较为普遍。还有火葬、停棺待葬和岩洞葬等。大多数民族的火葬主要是非正常死亡者，如凶死、孕妇难产死、小孩夭亡等。停棺待葬在水族和部分瑶族中存在。"青裤瑶"现在仍实行岩洞葬。葬具多用木棺，一般要择吉日，选龙脉，看风水（土家族选"虎地"），杀牛羊等供祭。苗族历史上有过悬棺葬和岩洞葬。土家族、彝族都曾有过火葬，现行土葬。举行跳丧舞，立神主牌于家中，逢年过节供祭。土家族还唱丧歌和"打绕棺"。仡佬族历史上行悬棺葬和岩穴葬，以木桶、石棺为葬具，现行土葬。

礼俗。贵州少数民族素有热情好客之美誉，以各种礼仪表示对客人的尊敬和欢迎。如苗族的敬牛角酒，侗族的"拦路歌"，苗族、水族的"转转酒"，彝族、布依族、水族唱的敬酒歌。为了表示对客人的尊敬，杀鸡猪招待客人时，还要把鸡头、猪头敬给客人。

（二）民族文化研究保护基地建设

改革开放后，恢复了贵州省民族研究所（2017年更名为贵州省民族研究院），展开了全省的民族文化研究工作；1979 年创办国内外公开出版发行的刊物《贵州民族研究》；1982 年贵州省民族事务委员会成立了少数民族语言文字办公室，指导少数民族语言的翻译及出版、参与协调双语教学工作、指导民族语言机构业务等工作；1984 年开始筹备建立的"贵州民族文化宫"已经投入使用；同年成立的"古籍办"，从事苗、布依、侗、水、彝、仡佬、土家等民族古籍的搜集整理；1985 年恢复的"贵州民族出版社"，极大地繁荣和丰富了贵州民族图书市场；同年贵州省文化厅设立了"抢救文物办公室"组织文物工作人员在全省对民族文物进行抢救；1986 年创刊《贵州民族报》，为宣传党的民族理论、政策和弘扬民族文化做出了积极的贡献。

2005 年 6 月经省政府批准后成立贵州民族民间文化保护委员会；全省 3 个自治州、11 个自治县和遵义市、毕节地区均成立了民族研究所，全省形成了一支从事民族文化的调查与研究科研队伍；2006 年全省苗族古歌、刻道、侗族琵琶歌、铜鼓十二调、苗族芦笙舞等、木鼓舞、花灯戏、布依戏、彝族撮泰吉、安顺地戏等被列入第一批国家级非物质文化遗产名录；2005 年全省公示第一批省级非物质文化遗产名录 91 项；2007 年全省公示第二批省级非物质文化遗产名录 202 项；2009 年全省公示第三批省级非物质文化遗产名录 147 项；2015 年全省公示第四批省级非物质文化遗产名录 121 项。

（三）　民族民间文化保护措施

2002 年贵州省要求全省中小学特别是民族地区中小学，要将优秀的民族民间文化作为素质教育内容，将当地人民喜闻乐见的民族音乐、绘画、舞蹈、体育、文学、传统手工艺等列入教学活动。2016 年省委统战部、省民宗委、省旅发委命名全省第一批 272 个少数民族特色村寨，2017 年命名全省第二批 241 个少数民族特色村寨。2016 年全省制定了加强少数民族传统手工艺传承保护方案，命名挂牌首批 200 户少数民族传统手工艺传习所，命名第一批少数民族传统手工艺传习所 200 家，2017 年命名第二批贵州省少数民族传统手工艺传习所 180 家，2018 年命名第三批贵州省少数民族传统手工艺传习所 103 家。2012 年全省启动实施"七个一"民族文化工程[①]，2014 年全省推出多彩贵州优秀民族文化十项工程[②]。

---

① 出版一套丛书、建一座博物馆、编排一台歌舞、创作一部剧本、办好一张报纸、创作一首歌曲、推进一个课题实施。
② 民族文博建设工程、特色民族村寨建设工程、民族报刊提升工程、民族文化进校园工程、民族文化出版工程、民族文学艺术创作工程、民族文化展示工程、民族传统文化传承工程、民族团结和谐型激励工程、宗教优秀文化挖掘弘扬工程。

（四）民族民间文化保护立法

2003 年 1 月 1 日起，正式实施《贵州省民族民间文化保护条例》；将《贵州省少数民族语言文字工作条例》列入立法调研计划；2016 年通过了《贵州省传统村落保护和发展条例》；2018 年省人大通过了《贵州省世界自然遗产保护条例》《贵州省少数民族文化保护发展条例》。

（五）宗教信仰

贵州少数民族中有着多种宗教。直到新民主主义改革前，贵州的苗族、瑶族、水族、仡佬族、侗族、彝族、畲族等民族仍存在着崇拜原始宗教的情况。在少数民族与汉族的长期交往和相处过程中，一些少数民族的部分人还吸收了汉族的道教，如土家族、布依族、侗族、苗族、仡佬族、毛南族等少数民族地区，道教都有不同程度的传播和影响。伊斯兰教为回族所信仰，贵阳、安顺、遵义等城市的回族和一部分外来经商的维吾尔族群众信仰伊斯兰教。基督教和天主教在少数民族中也有较深的影响，主要为苗族、彝族、布依族等民族的部分群众所信仰。

各民族大面积交错杂居和相对成片聚居的特点，十分有利于增进各民族间的相互了解，促进民族间的交流与合作。贵州大多数少数民族虽然都有本民族的语言，但绝大多数少数民族同胞都通晓汉语普通话，并以其作为民族间交流的基本工具。一些少数民族虽然有自己的文字，但基本上不作为民族间交流的工具。各民族虽然都有着不同的宗教信仰，但都属于正常的宗教活动，不影响民族间的团结与合作。因此，贵州是一个多民族团结合作、共同发展的大家庭。

第三节　民族团结进步繁荣发展示范区建设

一、中国共产党在贵州的民族工作

中华人民共和国成立后，贵州省各级人民政府认真贯彻党的民族政策，严格按照《中国人民政治协商会议共同纲领》的要求，结合实际做好民族工作，从疏通民族关系入手，派访问团到少数民族聚居地区进行访问，逐步实行社会改革。在社会改革中，根据"慎重稳进"的方针和"有利于发展生产，有利于民族团结"的原则，执行了一系列符合贵州实际的特殊政策，促进了民族地区经济社会的发展。尊重各民族使用本民族语言文字的权利，帮助苗族、布依族、侗族创制、改进、规范文字，并创造条件使民族语言文字在教学、扫盲、出版、新闻、电影、广播、司法等方面得到推广运用。尊重各民族的婚丧习俗以及住房、饮食、服饰、礼仪和节日活动习俗。尊重各民族的宗教信仰，修复和开放寺观庙堂，引导各族群众依法开展正常的宗教活动。财政、工商部门采取特殊政策和措施安排民族特需用品的生产和供应，保证少数民族生产、生活的特殊需要。民族工作取得了巨大成就，平等、团结、互助的社会主义新型民族关系逐步形成和发展。但工作中也有过失误，在"大跃进""人民公社化"和"文化大革命"中，由于"左"的思想的影响，破坏了民族政策的贯彻执行。中共十一届三中全会后，通过拨乱反正和民族政策再教育，使民族工作重新走上健康发展之路，进一步巩固和发展了社会主义新型民族关系。

（一）民族干部培养

20世纪50年代初，省委、省政府按照"普遍而大量地培养少数民族干部"的方针，从民族地区社会改革和社会主义建设的需要出发，选拔、培养了一大批少数民族干部，为民族地区实行区域自治奠定了基础。1958年以后，尤其是"文化大革命"期间，由于受到极"左"的思想干扰，少数民族干部培养受到一些影响。中共十一届三中全会后，省委、省政府按照干部"四化"方针和德才兼备的原则，根据民族地区改革开放和现代化建设的需要，加大了少数民族干部培养选拔工作的力度，制定了一系列特殊的政策措施，使少数民族干部数量不断增加，结构不断改善，素质不断提高。培养选拔少数民族干部的政策措施主要有：一是举办各类干部培训，培养一大批民族地区党政、教育、文化、卫生、贸易等方面急需的人才；二是大力发展民族教育，扩大少数民族学生的招生数量，使少数民族在校生的比例逐步接近少数民族占全省总人口的比例；三是采取录、转、聘等倾斜政策，扩充少数民族干部队伍；四是创办"三校一部"，即在黔东南苗族侗族自治州、黔南布依族苗族自治州、黔西南布依族苗族自治州建立民族行政管理学校，在贵州民族学院建立中专部，实行单独定向招收农村户口的少数民族学生、毕业生从哪里来回哪里去的政策，积极培养少数民族干部；五是多层次开展少数民族干部培训，并通过下派挂职锻炼、外派挂职学习等形式，使少数民族干部开阔视野，增长才干，提高素质。

通过巩固九年义务教育，大力发展职业教育和双语教学、开展"一户一技能人才"培训工程、定点定向培养、在省内高校设立双语预科生班等措施，大幅提升了少数民族人口素质。把大力培养、选拔和使用少数民族干部人才作为促进民族地区加快发展管长远、管根本的大事来抓，一大批少数民族干部被选拔进各级领导班子，干部队伍结构得到优化。目前，在全省公务员队伍中，少数民族占到 39%；在事业单位管理人员中，少数民族占到 36.8%；在国有企业经营管理人员中，少数民族占到 14.4%；在县处级干部中，少数民族占到 33%，厅局级干部占到 21%，省级干部占到 33.3%。

（二）民族识别

据 1953 年全国登记统计和各地自报，贵州省民族称谓有 400 多个。1964 年全国第二次人口普查时，各地自报有未定称谓的"人们共同体"76 个，人口 55 万。自 1953 年起，中央和地方民族工作部门组织有关专家、学者及民族工作者，对提出的"人们共同体"进行深入细致的调查研究和识别工作。在全国早已确认的 11 个少数民族中，贵州省有苗、彝、瑶、满 4 个民族外，1953 年贵州省又识别确认了壮、布依、侗、水等民族；从 1954 年至"文化大革命"前，全国经过识别确定的 16 个少数民族中，贵州省又有仡佬族，全省确认的少数民族达到 9 个。"文化大革命"期间民族识别工作中止。中共十一届三中全会后民族识别工作重新恢复。到 1985 年，先后将六甲、辰州人、南京人认定为汉族，将喇叭、西家认定为苗族，将莫家认定为布依族，将刁人、下路人认定为侗族，将三撬人根据地域分布分别认定为苗族、侗族，将里民认定为彝族，以上共涉及 15 个"人们共同体"，人数为 23.1 万人。大规模的民族识别工作基本结束后，民族识别工作专门机构逐步撤销，遗留问题列入各地民族工作部门的正常工作范围。1986 年后，先后将"龙家人"认定为白族，将"佯人"认定为毛南族，将"绕家人"认定为瑶族，将"木佬人"认定为仡佬族，将"东家人"认定为畲族。

（三）民族团结教育与民族团结进步表彰

省委认真贯彻党的民族政策，大力开展民族团结教育活动。1955 年 6 月，制定了《贵州省关于检查民族政策执行情况的计划》，重点在全省开展检查少数民族地区的骚乱事件的原因、农业合作化运动中的强迫命令、汉族干部与少数民族干部的关系、民族干部的培养、各个财经部门对民族地区经济政策的落实、发生在领导思想上的大汉族主义的表现 6 个方面的情况。民族团结教育工作逐步加强。中共十一届三中全会后，民族团结教育工作广泛深入地开展，省委还将贯彻落实民族政策的情况列入整党的重要内容之一，逐项进行对照检查，进一步加强对干部特别是汉族干部民族政策的再学习、再教育。1995 年，省委、省政府对贯彻执行《中华人民共和国民族区域自治法》《贵州省贯彻＜中华人民共和国民族区域自治法＞若干规定》以及民族政策的落实情况进行检查，纠正了一些违反民族法律法规和民族政策的行为。在大力进行民族团结教育的基础上，开展了民族团结进步表彰活动。省委、省政府于 1984 年 9 月在贵阳市召开了全省第一次民族团结进步先进集体、先进人物表彰大会，各民族的代表 500 人出席了会议。会议表彰了 23 个先进集体、65 名先进个人、161 名先进工作者。1989 年 12 月、1995 年 10 月、1998 年 12 月、2003 年 12 月和 2013 年 12 月，省委、省政府又先后召开了全省民族团结进步表彰大会，通过表彰先进、交流经验、组织宣讲，在全省营造了民族团结的良好氛围。

贵州省把构建平等团结互助和谐的民族关系作为全省工作的重中之重，在全省深入开展民族团结进步宣传教育和民族团结进步创建活动，不断夯实民族团结的政治基础和思想基础，巩固和发展民族团结的大好局面。每 5 年召开一次全省民族团结进步表彰大会，每 4 年举办一届全省少数民族文艺会演和少数民族传统体育运动会，每年 10 月为全省民族团结进步宣传教育活动月，将民族团结和睦指数纳入全省全面实现小康统计监测的重要指标以县为单位进行考核。编印《党政干部民族理论读本》进入各级党校，开展了最具魅力民族村寨的评选，

鼓藏节：寨中男女老少围着鼓跳起欢快的舞蹈

组织开展了民族自治地方逢十周年庆典活动，在省内主要媒体开辟了民族团结进步专栏、专版，在全省 3856 所学校广泛开展了民族文化进校园活动。通过这些活动，使各民族共同团结奋斗、共同繁荣发展的主题深入人心。

（四）民族古籍整理

早在抗日战争时期，全国的一些民族学家和民俗专家学者就深入贵州的彝族居住地区，对彝族文献进行调查研究和搜集翻译，出版了《爨文丛刻甲编》，发表了《倮文作斋经译注》和《倮文作祭献药供牲经译注》。1955 年毕节地区成立了彝文翻译组，开始有组织、有领导地开展彝文搜集、整理和翻译工作。中共十一届三中全会后，民族古籍搜集、整理工作步入了新的发展时期。1984 年，省政府对全省少数民族古籍整理进行了全面安排部署。1985 年，省政府成立了贵州省少数民族古籍整理出版规划小组，下设办公室。1986 年，召开了苗族、布依族、侗族、彝族、水族、亿佬族古籍搜集整理出版工作会议，制定了全省民族古籍整理出版"七五"规划。会后，全省有 8 个市（州、地）和 35 个县（市）相继成立了少数民族古籍整理工作机构，贵州民族学院也成立了彝文古籍研究所。1996 年，省民委召开全省少数民族古籍工作会议，提出"九五"规划期间全省少数民族古籍工作的指导思想、主要任务和工作目标，并对机构、人才、经费、出版、发行、协作等方面的问题提出相应的措施。同年省少数民族古籍整理出版规划小组办公室更名为省民族宗教事务委员会民族古籍整理办公室。经过 20 余年的努力，全省搜集、整理、出版的民族古籍资料有 100 多种，共 4000 多万字，其中，有苗族的《苗族古歌》《张秀眉歌》《武陵苗族古歌》《开亲歌》《苗族十二组歌》《苗族始祖的传说》《蚩尤的传说》《苗族丧祭》等，有布依族的《布依古歌》《古谢经》《安王和祖王》《布依族传统礼俗歌》《布依族祭祀歌》等，有侗族的《侗乡好事酒歌》《琵琶歌》《侗族叙事歌》《叙事歌》《侗族文化史料》，有彝族的《西南彝志》《彝族源流》《彝文金石图录》《彝文典籍目录》《物始纪略》《黔西北彝族美术》《贵州彝族咪古丛书》《彝族指路丛书·贵州卷（一）》《彝族创世志·谱牒志》（一、二）《彝族创世志·艺文志》《彝族诗文诗》，有水族的《水书》《正七卷、壬辰卷》，有亿佬族的《亿族古歌》《亿佬族哭嫁歌》《水园诗词》，有回族的《太平天国时期黔西南白旗起义史料》，有土家族的《土家族哭嫁歌》等。此外，还有一批民族古籍已完成整理待出版。

积极开展民族古籍普查、编目、收集整理、翻译和出版工作。"十一五"时期，在全省开展了民族古籍的普查，实施了"民族古籍抢救工程"。根据国家民委的安排，完成了《中国少数民族古籍总目提要: 苗族卷、侗族卷》的编纂工作并成功召开了八省 (区、市) 协作会审会。协助有关省区做好回族、土家族、瑶族、彝族古籍编目的整理工作。完成了贵州 14 个民族自治地方概况的修订工作。完成了《侗族大歌》和《水书: 丧葬卷》的编审和出版。加大对《水书》的抢救工作力度, 投入专项资金, 开展《水书》的抢救工作。加大少数民族古籍文献的抢救搜集和整理工作力度, 建立起 "锦屏文书" 文斗村村级保护点, 四部古籍已出版。

近年来, 编纂《中国少数民族古籍总目提要·布依族卷、水族卷、亿佬族卷》, 征集文献古籍原件 18 本, 整理出版了 5 部民族古籍精品, 48 部少数民族古籍列入第四批《国家珍贵古籍名录》进行了公示, 《苗族文化大观》、《珠郎娘美》(侗、汉对照)、《叙根由——亿佬族古歌》(亿佬、汉对照)、《苗族贾理》(苗、汉对照) 4 种图书入选 "首届向全国推荐百种优秀民族图书" 目录, 紫云苗族布依族自治县苗族英雄史诗《亚鲁王》获省第十一届中国民间文艺 "山花奖", 2014 年《亚鲁王》第二部书稿基本完成。2014 年出台了《贵州省少数民族珍贵古籍名录定级标准》及其 "评选办法" 和《民族古籍抢救保护项目管理试行办法》; 出版贵州少数民族古籍经典系列丛书; 与省内高校共建 6 个民族古籍研究基地, 制定民族古籍整理抢救保护 "十三五" 规划。

二、民族区域自治的推行

(一) 民族民主联合政府的建立

贵州解放后, 省委、省政府根据中国共产党的民族政策, 决定在民族杂居的地区成立民族民主联合政府, 待条件成熟后成立民族区域自治政府。1950 年 12 月, 省政府第八次行政会议通过《关于少数民族地区工作的指示》, 对民族民主联合政府成员的各民族名额比例、政府机关干部各民族比例做了明确规定。同时, 明确各级民族民主联合政府的主要负责人, 包括专员、县长、区长、乡长、村长由该地区人口最多的民族代表担任, 人口次多的民族代表可担任副职。1951 年 2 月, 省政府遵照政务院《关于地方民族民主政府实施办法的决定》, 召开了全省民族工作会议, 明确提出成立民族民主联合政府, 试行民族区域自治, 是今后少数民族地区社会民主改革的关键。会后, 全省各级政府相继召开各族各界人民代表会议, 民主选举各级民族民主联合政府。到 1953 年初, 全省先后建立了贵阳、镇远、安顺、独山、毕节 5 个专区民族民主联合政府, 建立了贵筑 (今贵阳市花溪区、乌当区、白云区)、贵定、龙里、长顺、惠水、平越 (今福泉市)、都匀、独山、三都、炉山 (今凯里市)、黄平、丹寨、三穗、清镇、平坝、安顺、贞丰、水城、黔西、大定（今大方县）、织金、纳雍、毕节、金沙、赫章、威宁等县和松桃县第一区、第二区、第三区民族民主联合政府，一批少数民族干部担任各级民族民主联合政府的重要领导职务。在建立民族民主联合政府的基础上，逐步实行民族区域自治。

（二）民族区域自治的推行

1952 年将炉山、惠水、丹寨 3 个县分别改置为炉山县苗族自治区、惠水县苗族补伊族（后改称布依族）联合自治区和丹寨县苗族自治区。1954 年，将台江、威宁、雷山、罗甸 4 个县改置为台江县苗族自治区、威宁县彝族回族自治区、雷山苗族自治区和罗甸县布依族自治区；还将惠水县苗族补伊族联合自治区更名为惠水县布依族苗族自治区。1955 年 12 月，将威宁、罗甸、惠水、雷山、炉山、丹寨、台江 7 个自治区更名为自治县。

1956 年 4 月，撤销贵定、镇远、都匀 3 个专区，改置为黔东南苗族侗族自治州和黔南布依族苗族自治州；将两州所辖雷山、台江、炉山、丹寨、罗甸、惠水 6 个自治县改为县。同年 12 月，撤销松桃县，改置为松桃苗族自治县。1957 年 1 月，撤销三都县，改置为三都水族自治县。1963 年 9 月，撤销镇宁县，改置为镇宁布依族苗族自治县。1956 年 12 月，从黔南自治州划出望谟、册亨、安龙、贞丰、紫云 5 个县归兴义专区管辖，并分别改为望谟布依族苗族自治县、册亨布依族苗族自治县、安龙布依族苗族自治县、贞丰布依族苗族自治县、紫云苗族布依族自治县。

1981 年 3 月，撤销关岭县，改置为关岭布依族苗族自治县。同年 9 月，撤销兴义地区，改置为黔西南布依族苗族自治州，所辖各自治县改为县。1983 年 9 月，撤销玉屏县，改置为玉屏侗族自治县。1986 年 11 月，撤销沿河、印江、道真、务川 4 个县，分别改置为沿河土家族自治县、印江土家族苗族自治县、道真仡佬族苗族自治县、务川仡佬族苗族自治县。

到 2018 年，全省有 3 个自治州：黔东南苗族侗族自治州、黔南布依族苗族自治州、黔西南布依族苗族自治州；11 个自治县：威宁彝族回族苗族自治县、松桃苗族自治县、三都水族自治县、关岭布依族苗族自治县、镇宁布依族苗族自治县、玉屏侗族自治县、紫云苗族布依族自治县、印江土家族苗族自治县、道真仡佬族苗族自治县、务川仡佬族苗族自治县、沿河土家族自治县；还建有 252 个民族乡，是全国民族乡最多的省份。民族地区面积占全省的 68.2%，民族区域自治地方面积占全省总面积的 55.5%，少数民族常住人口占全省总人口的 36.11%。全国第六次人口普查数据显示，少数民族户籍人口占全省的 38%。

（三）民族区域自治条例逐步完善

1984 年 5 月 31 日，《中华人民共和国民族区域自治法》颁布实施。1992 年省政府发布《贵州省贯彻落实 < 中华人民共和国民族区域自治法 > 若干问题的规定》，分别就尊重自治权利，培养、选拔、配备少数民族干部，自治地方招工、招干，发展交通、能源、通信、林业、矿业、农业、商业、教育、卫生、体育等方面做出具体规定。到 1995 年，黔南、黔东南、黔西南 3 个自治州和玉屏、松桃、镇宁、关岭、紫云、道真、印江、沿河、务川等自治县都先后制定了《自治条例》。2005 年 9 月 23 日，省人大常委会通过并颁布《贵州省实施 < 中华人民共和国民族区域自治法 > 若干规定》，这是民族区域自治法颁布 20 多年来制定的第一个配套法规，标志着贵州省贯彻落实民族区域自治法迈出了新的步伐。目前，全省仍有效的民族区域自治法配套法规共有 71 件，其中地方性法规 1 件，自治条例 14 件，单行条例 51 件，变通规定 3 件，地方政府规章 2 件。2015 年 5 月实施的《贵州省促进民族团结进步条例》成为全国第一部省级层面出台的、专门规范民族团结进步事业的地方性法规。

贵州省委、省政府一贯高度重视民族工作，认真学习贯彻习近平总书记关于民族工作的重要论述，大力推进民族团结进步示范区建设，取得了丰硕成果，为民族团结进步事业发展提供了宝贵经验。新形势下的民族工作要以习近平新时代中国特色社会主义思想为引领，坚持铸牢中华民族共同体意识，满足各族人民对美好生活的需要，全面深入持久开展民族团结进步创建，发扬改革创新精神，推动"民族团结进步繁荣发展示范区"建设，为新时代民族团结进步事业作出新的更大贡献。自 2013 年全省第七次民族团结进步表彰大会以来，贵州认真贯彻落实习近平总书记关于民族工作的一系列重要论述，牢牢把握各民族"共同团结奋斗、共同繁荣发展"主题，推动民族团结进步事业取得显著成效。

（四）加强民族团结宣传教育和示范创建

开展易地扶贫搬迁"四帮"服务。重点针对 374 个少数民族人口较多的易地扶贫搬迁社区少数民族群众，深入开展"帮搬迁、帮融入、帮就业、帮解困"的"四帮"服务，切实解决少数民族群众搬迁难、融入难、发展难等问题，在易地扶贫搬迁社区构建各族群众共居、共学、共事、共乐、共建的"五共"社区。召开了全省易地扶贫搬迁社区民族工作现场推进会，组建了一批"四帮"服务队。深入推进民族团结进步创建工作。黔南布依族苗族自治州、黔西南布依族苗族自治州成功创建"全国民族团结进步创建示范州"。开展影响民族关系的矛盾纠纷及隐患的排查工作，组织开展民族团结和睦指数统计监测工作，依法妥善处理影响民族团结的各类问题。抓好民族团结进步表彰。2019年1月3日，召开全省第八次民族团结进步表彰大会，表彰120个民族团结模范集体和180名模范个人，并以此为依托，深入推进民族团结宣传教育，促进各民族大团结。

（五）民族团结助推脱贫攻坚

贵州是多民族省份，少数民族人口1255万，占总人口的36.11%，少数民族人口数量和占比在全国居第四位和第五位。民族自治地方和民族乡面积占全省总面积的68.2%。贵州是全国脱贫攻坚的主战场，贫困人口多、贫困面积大、脱贫任务重。由于历史和现实的诸多原因，导致了民族地区始终是贵州决战贫困决胜小康进程中最难啃的"硬骨头"。在全省66个贫困开发重点县中，民族自治地方有42个，占64%；14个深度贫困县中民族自治地方有10个，占71%。多民族省情和民族地区发展滞后现状，决定全省大扶贫战略行动的重中之重在少数民族和民族地区。贵州是全国脱贫攻坚的主战场，而民族地区则又是脱贫攻坚的"坚中之坚"，是最难啃的"硬骨头"。做好贵州民族地区的脱贫攻坚，需要"用非常之力，竟非常之功"，而从制度建设入手，出台差别化政策，无疑就是从顶层制度设计上全力做好民族地区脱贫攻坚的重要举措。经过40年的跨越发展，全省民族地区综合经济实力空前跃升，特别是党的十八大以来，贵州民族地区生产总值年均增长率始终高于全省平均水平；民族地区农民人均可支配收入从2012年的4730元提高到2017年的8754元，年均增长13.99%，贫困人口从2012年初的590.6万人减少到2017年162.2万人，民族自治地方贫困发生率从2012年初的38.3%降低到2017年的10.3%，3个自治州在全国30个自治州排位不断上升，各族群众幸福感和获得感进一步增强。

进入"十三五"以来，为了做好民族地区的脱贫攻坚工作，贵州持续从政策方面发力。《贵州省"十三五"少数民族事业发展规划》紧密围绕民族地区与全国同步全面建成小康社会的目标，提出了经济持续快速发展、脱贫攻坚和民生改善取得决定性进展、生态建设和环境保护实现新突破、基础设施支撑能力进一步提升、改革开放加速推进、民族文化繁荣发展、民族事务治理能力显著增强等七大任务，着力加快民族地区的跨越发展。2016年，省委、省政府出台《关于支持民族自治州脱贫攻坚同步小康的意见》，从赋予省级经济社会管理权限，增强基本保障能力、基本发展能力等方面给予我省3个民族自治州支持，这些政策措施，将确保3个民族自治州到2020年与全国全省同步全面建成小康社会，在民族地区产生了深刻的影响。贵州省委、省政府印发的促进精准扶贫"1+10"文件中，明确采取"六个优先"[①]的原则，确保到 2020 年，所有少数民族特别贫困村实现全面小康。2017 年底，省政府印发了《关于支持民族自治县和民族乡加快发展若干政策措施的意见》，明确进一步完善推动民族地区加快发展的政策支撑体系，着力解决民族地区发展不平衡不充分的问题，切实增强统筹发展能力，支持民族自治县和民族乡加快发展，助推民族地区决战脱贫攻坚、决胜全面小康。

微人物：全国优秀共产党员——姜仕坤

姜仕坤，男，苗族，中共党员，曾任贵州省黔西南布依族苗族自治州晴隆县委书记。面对群众深度贫困、石漠化严重、城镇化率低、基础设施落后、民生工程滞后等叠加困难，他以"晚干不如早干，要干就要干好"为座右铭，把晚上当作白天用，双休日当作工作日，以"拼命三郎"的干事作风，以"做一桩事，成一桩事"的务实效率，一口口地啃下脱贫攻坚这块硬骨头。他深入边远贫困乡村察民情、解民忧，与群众算发展增收账，为群众找发展出路，形成了"羊、茶、果、蔬、烟、薏"的六大特色产业并付诸行动，被群众亲切称为"羊书记""农民书记""算账书记"，"十二五"期间，晴隆县地区生产总值从 2010 年的 20.89 亿元增加到 2015 年的 55.13 亿元，年均增长 17.5%。2016 年 4 月 12 日，姜仕坤因积劳成疾突发心脏病去世，生命定格在 46 岁，他用共产党人的理想信念、忠诚无私、执着追求，用对党的赤子之心、对人民的公仆情怀，践行着时代的使命和担当，在为民族地区经济社会发展谱写了感人肺腑、催人泪下的生命壮歌。2017 年 6 月被授予贵州年份英雄十大人物"年份英雄"称号。2018 年 6 月，追授为"全国优秀共产党员"。

微故事：鼓藏节的传说

苗族鼓藏节，是苗族同胞祭祀本支族列祖列宗神灵的大典，2006 年 5 月 20 日，贵州省雷山县申报苗族鼓藏节经国务院批准列入第一批国家级非物质文化遗产名录。

---

① 优先安排基础设施建设、优先安排易地扶贫搬迁、优先安排特色产业发展、优先安排技能培训、优先安排电子商务发展、优先安排基层组织建设。

　　这种古老的祭祖礼仪在苗族的创世歌里有所记录，因为苗族只有语言没有文字，再加上苗族人能歌善舞，所以歌便成了苗人最好的记录方式。歌词叙述说枫树是万物的生命树，这生命树在上古被女神妞香砍倒后，树根变成泥鳅，树干变成铜鼓，树枝变做鹊鸲，树心里生出了蝴蝶，蝴蝶生下了十二个蛋，成为十二个蛋的妈妈。蝴蝶妈妈孵蛋三年，孵化了十一个，包括雷公、鬼神、龙蛇、虎豹、豺狼、拥耶（最早的男人）、妮耶（最早的女人）等人、鬼、神、兽。但剩下的一个蛋经过三年的孵化后依然是一个蛋。蝴蝶妈妈只好请暴风帮忙，暴风把蛋刮下山崖，蛋壳破裂，钻出一头小牛。小牛怨恨蝴蝶妈妈没有亲自孵下它，把蝴蝶妈妈气死。拥耶、妮耶用牛耕地种田，但就是从未有过好收成。鬼神告诉拥耶、妮耶：因为大鼓牛气死了蝴蝶妈妈，所以才不叫牛耕地的田园长出好庄稼。只有把大鼓牛杀掉，祭拜蝴蝶妈妈才能求得庄稼的丰收。拥耶、妮耶宰牛祭拜蝴蝶妈妈，立刻迎来大丰收。这是"鼓藏节"由来的一种传说。

第五章 成就斐然的经济发展

　　贵州始终坚持守住发展和生态两条底线，产业结构不断优化，经济效益持续向好，综合实力显著增强，三次产业蓬勃发展，服务业长足增长，迄今已连续 30 个季度经济增速保持全国前三位。中国"天眼"、大数据、立体交通、旅游"井喷"……贵州正发生着翻天覆地的变化。

 2018 年贵州经济主要成就 ·····························

　　2018 年贵州经济发展取得重要突破，经济增速居全国第一位、连续八年居全国前三位，经济总量达 1.48 万亿元，人均突破 4 万元；农业增加值、投资、贷款余额增速均居全国第一位，脱贫攻坚夺取新胜利，减少贫困人口 148 万人，贫困发生率下降到 4.3%；实体经济企业与大数据深度融合发展，数字经济及其吸纳就业增速连续三年居全国第 1 位，旅游经济快速发展，持续"井喷"。新经济、绿色经济、民营经济占比分别达到 19%、40% 和 55%，大健康产业增加值增长 15%；服务业对经济增长的贡献率达 47.6%。

第一节　工农业经济与城镇化进程

一、稳步发展的农业和农村经济

（一）特殊的自然条件与农业生产发展

　　贵州农业资源富集，属亚热带温湿季风气候区，冬无严寒、夏无酷暑，降水丰富、雨热同季，水热条件总体上对农业生产有利。各地年平均气温在10℃～20℃之间，年降水量在850～1600毫米之间，在秋收作物生长期（4—9月）太阳辐射较多，占全年辐射总量的60%～70%。复杂多样的生态环境，蕴藏着极为丰富的生物资源。生物多样性优势突出。栽培的粮食、油料、经济作物30多种，水果品种400余种，可食用的野生淀粉植物、油脂植物、维生素植物主要种类500多种，天然优良牧草260多种，畜禽品种37个，享誉国内外的"地道药材"32种。同时，高海拔气候特征使贵州昼夜温差大，有利于农作物营养成分的积累。贵州境内河流纵横交错，森林植被覆盖率高，生态环境良好，耕地、水源和大气受工业及城市"三废"污染较少，具有发展生态畜牧业、蔬菜、茶叶、水果、中药材等特色产业的优势和潜力，正在成为全国重要的"菜篮子"产品生产基地。

　　2018年，贵州省农林牧渔业增加值2276.74亿元，比上年增长6.8%。种植业结构深刻调整，全省粮食总产量1060万吨，种植业增加值1438.46亿元，比上年增长8%。畜牧业生产平稳增长，全省猪牛羊禽肉类产量209.81万吨，畜牧业增加值508.04亿元，比上年增长4.3%。林业较快增长，全省林业增加值174.61亿元，比上年增长8.1%。农村各项事业稳步发展，全省规模以上农产品加工企业达1537家，规模以上农产品加工业增加值增长11%。全年休闲农业和乡村旅游主营业务收入达90亿元，同比增长11%。全面加强农村人居环境整治，完成农村户用改厕93.7万户，农村公共厕所5320个。农民人均可支配收入达9716元，增长9.6%，比城镇居民可支配收入增长高1个百分点，比2018年全省GDP增长高0.5个百分点，高于全国平均水平0.8个百分点。

（二）加强大数据应用与智慧农业发展

　　大数据应用为农业生产发展提供了无限可能。这是农村产业革命向纵深发展的前进方向，是农业转型升级的有效路径，是贵州发展现代山地特色高效农业的重要支撑。一是用大数据推动农业精细化生产，建立从种植（养殖）前端到销售末端全流程监管的大数据平台，加强对各大产业育苗（种）基地、扩繁基地、种植（养殖）基地、加工企业等农业生产主体的数据采集，特别是对产业选择、种植养殖、质量管理、包装销售、售后服务等生产管理行为的数据采集。二是用大数据推动农业精准化统计，采用综合利用遥感监测、实地调查、统计汇总等相结合的方式，对区域内有多少个生产基地、面积是多少、种的是什么品种、什么时候上市、卖向哪里、持续多长时间等关键信息及时进行动态监测和统计，确保做到对农业发展"底数清""情况明"，有利于指导以销定产，适度控制发展规模，避免农业产能过剩。三是用大数据推动农业精确化销售，运用大数据技术对全国、周边省份和全省相关农产品价格、成本等市场情况开展动态监测，借鉴"通村村"农村客运服务平台人车配对模式，做好目标市场的精确定位、销售价格的精确评估、销售数量的精确预报，实现产销有效对接。四是用大数据推动农业精致化管理，建立农产品质量追溯体系，运用大数据技术加强农产品生产、流通、加工、销售等全流程的质量管理，强化农产品质量追溯，切实提高农业生产数字化、精准化、可视化和智能化水平，推进农产品安全生产、放心食用。五是大力发展农村电子商务，发展农村电子商务是贵州农村产业革命的一大特色，通过互联网给农民提供市场需求信息，通过电商平台把农产品卖到全国、全世界，2018年贵州农村电子商务网络零售额增长30%。世界银行前行长金墉先生对贵州发展农村电商、促进产销对接的模式给予高度评价，表示"贵州的案例有着巨大的启发性，对发展中国家具有借鉴意义。"

（三）加强改革创新和农业产业园区建设

一是把农业园区作为推进农业现代化的主要平台，科学谋划农业园区建设发展工作，进一步推动农业结构调整、转型升级和提质增效。二是把农业园区作为推进农村改革、扩大对外开放的试验田，按照立足山地特征、体现现代要求、实现高效目标的要求，在引导和规范土地流转、经营主体培育、农业科技服务、招商引资等领域实现新突破。三是坚持整合资源协同推进，大力培育发展优势主导产业，强化基础配套建设，健全产业支撑保障体系，实施品种品质品牌提升战略，形成生产标准化、产业集群化、布局区域化，引领山区现代农业发展。四是坚持效益优先与产业联动发展，着力提高资源利用率、土地产出率和劳动生产率，促进农业转型升级、提质增效，推动产业集聚集群发展。五是不断延伸产业链条，大力发展农产品现代加工业、物流业和休闲观光与乡村旅游业，拓展农业功能，发挥农业园区产业互动融合发展的作用。六是进一步培育壮大农业园区规模，促进农业园区要素集聚，优化资源配置，形成层次分明、业态多元、功能完善的农业园区发展格局。

2018年，绿色兴农取得新进展，主要农作物病虫害绿色防控覆盖率达到30%。农作物秸秆综合利用率达到76%，畜禽粪污综合利用率达到64%。新增认定无公害农产品产地1536.1万亩、农产品2540个，绿色食品88个，地理标志农产品18个。农村改革成果丰硕，强力推进农垦国有土地确权登记发证工作，成为全国首个100%完成农垦国有土地确权登记发证的省份。农村"三变"改革试点实现乡镇覆盖，农民股东年人均增收650元以上。农业示范园区建设成效显著，高效农业示范园区完成投资1377亿元，综合产值2420亿元，入园企业达5433家、培育农民合作社6257家、园区从业农民504万人；全省创建国家现代农业产业园总数达到3个，其中全国首批"国家现代农业产业园"1个。

 贵州地理标志产品

2018年上半年，贵州省新增玉屏黄桃、郎岱猕猴桃等18个产品获地理标志保护，全省地理标志产品总数增加至274个。近年来，贵州省积极实施知识产权战略，推动地理标志品牌培育与商标富农有机结合，实施地理标志产品产业化促进工程，全省地理标志产品申请、运用和保护取得积极成效。全省地理标志产品按地理标志地域划分：省级1个、贵阳市14个、遵义市57个、安顺市25个、六盘水市26个、铜仁市24个、毕节市36个、黔南州30个、黔东南州31个、黔西南州30个。另外，有121个产品使用地理标志专用标志，占总数的44.16%；使用地理标志专用标志的企业达到684家。地理标志产品保护和运用的不断加强，对培育贵州省农特产品区域品牌，促进地方农特经济发展，实现"一乡一品、一县一业"，助推精准扶贫都具有重要的现实意义。

（四）加强电商平台合作推进农村电子商务发展

1.加强与大型电商平台合作

推动天猫（淘宝）、京东、苏宁、贵州电商云、贵农网、黔邮乡情等大型电商平台落户电子商务进农村综合示范县；组织本地优质农特产品、民族民间工艺品、旅游产品等入驻商务部电商扶贫频道、天猫贵州原产地旗舰店、京东贵州扶贫馆、苏宁中华特色贵州馆、那家网精准扶贫馆等平台；鼓励企业在天猫（淘宝）、抖音等大型电商平台开展网络直播、"县长代言"等宣传推广活动，提高贵州优质农产品影响力。目前各市（州）、贵安新区已引入大型电商平台数家，入驻大型电商平台农产品单品（SKU）数 100 余个。贵州全省电商扶贫产业基础逐步健全，电商扶贫服务体系趋于完善，省级农村电商公共平台实现县域服务全覆盖，电商运营中心和快递物流中心实现贫困县全覆盖，电商服务站点和物流站点实现乡镇全覆盖，网络零售额年均增长 18% 以上。

2. 加强农村电商品牌培育

依托电商龙头企业和协会，引导农业经营主体申报"三品一标"认证，建立健全农产品线上交易分类标准，加强农产品标准化建设；依托"贵州绿色农产品"整体品牌建设，加强地理标志产品保护和地理标志证明商标培育，打造区域公共品牌。推动电商龙头企业布局农村服务网络，引导电商平台整合供应链资源，生产适合农村消费特点、性能可靠、质量保证、物美价廉的产品，提升农村网购便利性；加强电商平台监管，加大商标侵权和假冒伪劣商品打击力度，提升农村网购安全性。引导电商平台企业建立内部质量检测制度，建立产品质量追溯体系，规范网上交易行为，营造良好的线上购物环境，提升群众满意度和获得感。

3. 完善电商扶贫服务体系

完善电商公共服务支撑体系，提升电商公共服务中心和村级站点服务功能，推动本地电商公共服务中心与省级农村电商公共服务平台互联互通，引进专业电商服务商构建网货开发、产品研发、网商孵化中心；打造大数据支撑体系，运用大数据对农产品销售情况和村级站点运营情况进行监测、统计和分析，指导农产品种植加工，为贫困户、合作社、企业等主体设立电商扶贫识别码；完善协会支撑体系，健全省市县协会联络机制，实现信息和资源共享；完善快递物流体系，依托电商服务站点打造移民搬迁便民服务中心，实现快递收发仓储功能，引导连锁零售、邮政快递等企业渠道下沉，采取政府补贴、快递抱团下乡等措施，吸引网商、网货等要素集聚，打造"黔货出山"集散平台，实现"买全省、卖全国"功能。整合快递物流资源，推动中心城市电商产业园与快递物流园融合发展，推进园区仓配一体化和共同配送，解决"最后一公里"末端配送难题。到 2020 年，全省将建成电商公共服务中心 80 个以上，便民服务中心 1000 个以上，电商服务站点 10 000 个以上，区域性农村电商物流（分拨）中心 80 个以上，省级电商公共平台实现县域服务全覆盖。

4. 加强农村电商主体培育

引进专业培训服务商，创建电商培训基地，打造电商企业集聚平台，吸引优秀电商人才落户贵州或返乡创业。开展校企合作，针对政府官员、企业高管、返乡农民工、农村青年等不同人群提供短期、中期、长期结合的递进式培训，打造一批创新意识强、执行能力强的电子商务人才队伍。到 2020 年，全省将培育网商 10 万家以上，培训网商从业人员 10 万人次以上，带动 15 万人以上群众增收。以"淘宝村"产业孵化基地为载体，以快递物流为渠道支撑，推动电商主体集聚发展，构建"基地＋电商企业＋农户"的利益联结机制；以"一户一码"电商模式为载体，构建电子商务精准扶贫统计体系；推动传统产业与电商资源对接化，依托电商优势，拓展线上销售市场，培育线上品牌，助推传统产业园区实现电商转型。依托电子商务进农村综合示范县，打造电商扶贫示范村和示范网店，围绕农产品上行，从人才培训、网货开发、创业孵化、渠道支撑等方面整合资源，完善电商快递服务体系；广泛开展代购生产生活资料等业务，实现"一店带多户""一店带一村"效应，发挥电商扶贫的示范效应。

二、持续强劲增长的工业经济

（一）工业经济总量快速增长

贵州解放前，工业基础十分薄弱，1949 年，全省工业总产值只有 2.05 亿元，仅占全省工农业总产值的 24.2%；工业增加值 0.65 亿元，占全省地区生产总值的 10.4%。贵州解放后特别是党的十一届三中全会以来，全省工业加快发展，规模不断壮大，实力大为增强，已基本形成特色鲜明的能源和资源深加工工业（即原材料工业等）体系，以国防科技工业为主体的装备制造业和电子信息产品制造业体系，以烟酒为特色的食品工业体系，以高科技为支撑的高新技术产业体系。贵州工业规模持续扩大，综合实力显著增强。2018 年，全省工业总产值规模达到 13 290 亿元；工业增加值完成 4378.9 亿元，比上年增长 9%，排名全国第 7 位，持续呈现平稳较快增长态势。经济效益和质量水平不断提高，全省工业认真落实高质量发展要求，扎实推动工业经济转型升级、提质增效。结构调整取得明显成效，企业效益持续向好。2018 年，全省规模以上工业企业主营业务收入 9673.3 亿元，比上年增长 6.2%，利润总额 899.1 亿元，比上年增长 20.7%，增速高于全国 10.4 个百分点。

（二）重点产业进一步发展壮大

全省大力实施十大千亿级工业产业振兴行动，着力构建贵州现代工业体系，推进工业经济高质量发展。2018 年，全省总产值规模达到千亿级的产业共有 8 个，2 个产业产值规模接近千亿级。其中，新型建材、基础能源、清洁高效电力、优质烟酒、先进装备等产业巩固提升千亿级规模体量；基础材料、现代化工、生态特色食品产业形成千亿级规模；大数据电子信息、健康医药产业产值接近千亿级规模。全省十大产业占全省工业总产值、增加值比重分别达到 94%、95.6%，对规模以上工业增加值贡献率达到 97.7%，拉动规模以上工业增速 8.7 个百分点。一批企业获批国家智能制造支持项目，一批企业入选国家工业互联网试点示范名单，企业创新能力持续增强。着力实施能源、装备、电子等十大产业升级专项行动，大力支持和推动新技术新模式示范运用。全年新增一批国家级技术创新示范企业，省级企业技术中心、技术创新示范企业、制造业创新中心、品牌培育示范企业等，还有一些企业进入了全国第二批服务型制造示范企业名单。

大力实施工业产业振兴行动。重点发展优质烟酒、基础能源、清洁高效电力、新型建材、先进装备制造、基础材料、现代化工产业，生态特色食品、大数据电子、健康医药产业等，巩固提升千亿级产业地位。继续遴选一批"千企改造"工程龙头企业和高成长性企业名单，加大重点企业项目扶持力度，并抓好宣传推广，不断强化抓技改、促升级的氛围和动力。灵活运用节能、环保、电价、资金等方面的政策措施，提高企业积极性和主动性，瞄准高端化、信息化、绿色化、集约化推进技术改造。建立健全"专人、专班、专案"工作机制，针对重点国家和地区收集梳理行业龙头企业和优强企业投资信息，精准锁定招引目标企业，大力推进"千企引进"工程。

茅台酒包装车间

（三）工业园区调整转型健康发展

2018 年全省工业园区认真落实按照"转、并、退"的方式，省级调度工业园区从 107 个调减到 98 个，进一步完善园区功能定位和规划布局。集聚效应明显增强。园区规模以上工业企业户数达到 4000 户以上，占全省比重达到 72%；园区工业总产值完成 10 034.5 亿元，占全省比重达到 75%。全省 50 亿元级工业园区达到 55 个，百亿元级园区达到 31 个，13 个产业园区成功获批国家新型工业化示范基地，集聚效应更加明显。发展效益持续向好。全省园区企业实现利润总额近 800 亿元、比上年增长 14%，完成税收 680 亿元、比上年增长 10%。园区新增从业人员 10.5 万人，总数达到 140 万人，有力带动了所在地区脱贫攻坚。绿色发展水平提升，资源综合利用率提高 66%，达到全国前列水平。

（四）民营经济保持快速发展

围绕"政策落实、金融服务、降本减负、扩大投资、环境整治、联系服务"六大专项行动，扎扎实实解决制约民营企业发展的难题。持续完善服务体系建设，提升服务质量和水平，着力解决民营企业在项目融资、降本减负、公平竞争、权益保障等方面的困难和问题。深入实施"百亿民营企业培育工程"和中小企业培育"星光"行动，着力培育一批大型民营企业，扶持一批中小微企业。抓好民营经济发展"1+6"政策落实，牵头开展清理拖欠民营企业中小企业账款专项行动，认真办理"服务民营企业省长直通车"反馈的问题事项。推进"星光"行动，大力支持企业走"专精特新"发展之路，全年培育"专精特新"企业 1524 家，支持项目 395 个，落实专项资金 2 亿元。抓好"双创"工作，全年获得工信部认定国家级小型微型企业创业创新示范基地 4 个，新增省级小型微型企业创业创新示范基地 10 个。2018 年，全省民营经济增加值完成 8000 余亿元，比上年增长 10.9%，占全省 GDP 比重达到 55%，对全省经济增长贡献率达到 63.7%，拉动全省 GDP 增长 5.8 个百分点。

三、城镇化步伐不断加快

（一）城市建设成就显著

贵州解放后特别是中共十一届三中全会以来，全省的城市建设取得重大进展，城市的现代化水平逐步提高，一个以省会城市贵阳市为中心、大中小城市相结合、联系广大建制镇的城镇体系基本形成。全省有建制市 15 个，其中贵阳、六盘水、遵义、安顺、铜仁、毕节为省辖设区的地级市；清镇和赤水、仁怀为省辖不设区的县级市，分别委托贵阳市和遵义市代管；都匀、福泉、凯里、兴义、盘州、兴仁分别为州（市）辖不设区的县级市。当前我省城市经济实力提高，城镇化率快速增长。2018 年底，全省城镇常住人口为 1710.72 万人，城镇化率达到 47.52%，比上年增长 1.5 个百分点。常住人口城镇化率逐年提升，常住城镇就业承载能力增强，2018 年，常住城镇产业支撑不断强化，综合承载能力提升，全省城镇就业人员为 925.29 万人，比上年增加 71.06 万人。

 黔中城市群

近年来，贵州多层次城市群发展态势良好，区域中心城市辐射带动作用增强，加快推进以贵阳、贵安新区为中心，以遵义、安顺、毕节、凯里和都匀为支撑，一批重点县城为节点的黔中城市群建设，到 2020 年黔中城市群城镇人口达到 1000 万人，常住人口城镇化率达到 60% 以上。

贵州解放后，全省城市公用事业有了很大发展。市政基础设施大为改观，城镇居民生活水平显著提升。全体居民人均现住房建筑面积 37.93 平方米，2018 年末每百户城镇居民家庭拥有家用汽车 40 辆，比 2017 年末增长 8.7%；拥有空调 34.5 台，移动电话 282.26 部。城市污水处理率 92.0%。全省各市州中心城市集中式饮用水源水质达标率稳定在 100%，空气质

贵阳市地铁 1 号线开通

量优良天数比例达到 97% 以上，单位生产总值能耗下降 7%。营造林面积 1000 万亩以上，建城区绿地率达到 32.1%。

（二）城镇化步伐不断加快

贵州坚持走以产兴城、以城带产、产城景文融合的发展道路，强化城镇产业支撑，引导聚集效应强的产业加快发展，提高城镇人口吸纳能力，统筹规划产业集聚区、人口集聚区、综合服务区、生态保护区等功能分区，实现产业发展、城市建设和人口集聚相互促进、融合发展。完善城镇公共服务体系，合理布局教育、医疗、文化、旅游、体育等公共服务设施。加强城镇生态环境建设，积极推进绿色城市、森林城市、人文城市建设，依山傍水加强河湖水系综合治理和园林绿化，推进绿色生态城区建设，打造"山水田园林地"相融合的宜居宜业宜游城镇。一方面是改造老城镇，使之焕发生机与活力；建设工矿集镇，使之在工业化进程中的中心作用日趋明显；建设建制镇，使之在社会主义新农村建设中的辐射带动作用越来越强。另一方面是加强 17 万个自然村、1.8 万多个行政村和 700 多个乡的村寨整治、社会主义新农村建设，加强重点小市镇、小集镇的建设，改善基础设施和生产、生活条件，发展经济，增强接受中心市镇辐射带动的能力，加快自身的城镇化。全省城镇化率已由 1949 年的 7.5%、1978 年的 12.1%、2011 年的 35.0% 升至 2018 年的 47.5%，进入城镇化的加速期。

（三）城镇化发展前景光明

省委、省政府高度重视城镇化发展，相继出台了《贵州省提高城镇化人口比重五年行动计划》《中共贵州省委省政府关于深入实施城镇化带动战略加快推进山地特色新型城镇化的意见》《贵州省山地特色新型城镇化规划（2016—2020 年）》等一系列支持城镇化发展的措施和办法，指明了新形势下推进新型城镇化的思路、目标、路径。

全省正在按照统筹规划、合理布局、完善功能、以大带小的原则，加快构建"一核、一群、两圈、六组、多点"①的省域城镇空间格局，加快推进黔中城市群城镇建设，加快贵阳中心城市建设，实施特色小城镇"十百千"计划，推动有特色、集约型、多样化、组团式拓展、点状式集中的山区绿色城镇化。

---

① 以贵阳中心城市（含贵安新区）为省域发展主核，积极培育黔中城市群，着力打造贵阳—安顺和遵义两个都市圈，加快建设以六盘水、毕节、铜仁、凯里、都匀、兴义等区域中心城市为依托的六个城镇组群，积极培育盘州、德江等重要节点城市和一批重点镇。

第二节 大交通、大旅游、大数据的发展

一、着力构建现代立体综合交通网络

经济社会发展，交通运输先行。基础设施曾是制约贵州发展的瓶颈。从楚庄蹻入滇到秦开"五尺道"、汉通"西南夷"，每一次开发，都是一次交通的跃进。改革开放 40 年，贵州人民奋起直追，力破瓶颈，全省交通基础设施建设大踏步前进，实现了从"五尺道"上的马蹄绝响到"县县通高速"的华丽转身。交通运输基础设施不断改善，各种交通运输方式合理配置与优化，呈现大交通的立体发展格局，现已建成横跨东西、纵贯南北、腾空入海的现代立体综合交通网络。

（一）贵州交通建设快速发展

贵州处在近海（贵阳至北海 700 多千米）、近江（北临长江、南通珠江）、近边（距中越边境较近）的"三近"地带，是我国大西南的重要陆路交通枢纽，是西南通向华南地区（粤、港、澳）、"三亚"地区（东亚、东南亚、南亚）的出海出境重要通道和陆路交通枢纽，是中国—东盟自由贸易区的交通咽喉和次前沿地区。改革开放 40 年来，贵州以公路建设为重点，加强了立体交通运输网络的建设。逐步形成了以贵阳为中心，以高速公路、高速铁路为主骨架，以县乡公路、支线铁路相配合，以民用航空、内河航道为延伸，向外通往国内外，向内辐射到各市（州）县（市、市辖区、特区），使贵州成为中国西南地区的陆路交通枢纽和南下出海大通道。

2015 年，贵州成为西部第 1 个、全国第 9 个实现"县县通高速"的省份。2017 年，贵州成为西部第 1 个、全国第 14 个实现建制村村村通油路、村村通客运的省份。同年，茅台机场通航，贵州实现通航机场市（州）全覆盖，形成"一枢纽十支"民用运输机场布局，国际航线达到 24 条。2018 年，全省公路通车里程 19.69 万千米，全省高速公路通车里程达到 6450 千米，高速公路总量排全国第七位、西部第三位；农村 30 户以上村民组 98% 以上实现通硬化路；2018 年年末，铁路营业里程 3560 千米，其中高铁通车里程达 1262 千米，高铁进出旅客达到 7375 万人次。"市市通高铁"项目全部获批建设，盘兴铁路开工建设，贵阳至重庆、铜仁至玉屏高铁开通，贵阳正加快建成全国十大高铁枢纽。贵阳市轨道交通 3 号线开工建设、1 号线全线开通，贵州进入"地铁时代"。贵阳龙洞堡机场旅客吞吐量突破 2000

贵州加速构建立体综合交通体系，图为安顺开启立体交通时代

万人次，开通了贵阳至旧金山、洛杉矶、莫斯科等航线。陆上和空中交通格局完善的同时，贵州水运建设也成功打通了乌江、南北盘江红水河两条出省水运主通道，持续推进赤水河、清水江、都柳江和锦江4条出省水运辅助通道建设，2018年贵州内河航道里程3745千米，全省水路港航运输能力大幅提升。2018年，全年铁路、公路、水运货物运输总量102 536万吨，比2017年增长6.5%，全年铁路、公路、水运旅客运输总量93 025万人，比2017年增长1.3%。2018年末机动车拥有量771.56万辆，比2017年末增长10.8%，其中，民用汽车拥有量480.60万辆，增长15.6%。

 贵州最美高速 ⋯⋯⋯⋯⋯⋯⋯⋯⋯⋯⋯⋯⋯⋯⋯⋯⋯⋯⋯⋯⋯⋯⋯⋯⋯⋯⋯⋯⋯⋯⋯⋯⋯⋯⋯⋯⋯⋯

　　贵州交通条件的极大改善，带来了人流、物流、资金流。加上贵州独特的喀斯特地貌使高速公路沿线的景观独具旅游特色。2019年，贵州开通首条高铁环线旅游专列，运行线路由西至东，将黄果树瀑布、西江千户苗寨、铜仁梵净山以及沿线的安顺天龙屯堡、佛光岩、荔波小七孔等众多知名旅游景点串联汇聚，利用高铁加公路的交通形式形成城市到车站、车站到景区间的无缝衔接，积极打造铁路、旅客、沿线城市三方共赢的交通畅游新模式。

（二）坚持优先发展现代交通

1. 优先发展交通

为了突破发展瓶颈，贵州把"加强基础设施建设"放在国民经济发展的重要地位，加大资金投入力度，以适应经济发展和进一步扩大对外开放的需要。自2000年起，全省将交通建设作为省委、省政府要办的十件民生实事之一。2006年，提出建设贵广铁路和贵广高速公路的建议。2008年进一步提出："坚持交通优先发展的战略，使所有县都有高速公路连接。"2009年，贵州省政府工作报告再次提出："以十年左右实现县县通高速公路"。党的十八大以后，贵州更加坚持"交通引领经济"的大政方针，以建设西南重要陆路交通枢纽为目标，相继启动实施高速公路建设、水运建设和农村公路建设三年会战，普通国省干线公路建设两年攻坚等系列行动，全省公路水路固定资产投资连年刷新纪录，保持全国前列。

2. 积极争取各方力量支持

党中央、国务院一直十分关心和支持贵州的交通建设，尤其是西部大开发战略实施和2012年国发2号文颁布以后，党中央加大对贵州交通建设的投入和倾斜，全方位推动贵州交通建设发展。与此同时，贵州也积极组织各方面力量，主动争取国家支持，全面制定贵州省交通建设规划，充分调动省、地方各级政府和各部门的多方力量投入其中。"十二五"时期以来，贵州始终坚持交通引领经济，举全省之力加快交通基础设施建设，大胆尝试PPP、BOT、EPC等模式解决全省建设资金紧张的问题，形成政府主导、企业参与、市场运作、利益共享、风险共担的机制，让贵州交通运输事业呈现强劲发展态势。

3. 全省人民团结奋进并作为

贵州山高坡陡，地势复杂，贵州人民长期饱尝交通不便之苦，加强交通建设、改善生产和改变生存环境成了贵州人民迫切的现实需求和共同心愿。

（三）贵州交通建设前途辉煌

"十三五"时期，是贵州交通运输基础设施发展、服务水平提高和转型发展的黄金时期。党的十九大明确提出建设"交通强国"，推动交通大国向交通强国转变。贵州在建成西南重要陆路交通枢纽的基础上，以基本建成现代化的综合交通运输体系为目标，深入实施大扶贫、大数据、大生态三大战略行动，构建便捷高效的综合交通运输网络，推进交通强国西部地区试点省建设。

一是探索政府购买服务模式，推动船舶检验机制改革，探索地方铁路建设监督管理体制机制；二是深化交通运输投融资体制改革，探索推进交通运输财政事权与支出责任划分改革，加快构建"政府主导、企业运作、社会参与、多元募集"投融资新机制；三是积极推广政府与社会资本合作模式，探索完善投资合理回报机制和风险分担机制，解决交通建设资金来源问题；四是深化行业"放管服"改革，进一步做好梳理、下放、公布权责清单工作，精简优化行政审批事项，将工程建设项目审批时间压缩至 80 个工作日以内；五是规范网约车发展，建立多部门联合监管机制，切实加强事中事后监管。

二、蓬勃发展的大旅游产业

改革开放 40 年，贵州旅游业发展迎来了最好最快的黄金时期。尤其是近年来，贵州举全省之力打造以民族文化和山地生态为核心的旅游品牌，进一步提升"山地公园省·多彩贵州风"美誉度，贵州旅游产业链不断延伸和扩展，形成了具有高度的产业关联性、多重综合效益和功能的旅游业发展理念与模式，推动旅游业的快速发展。

（一）贵州发展大旅游的优势条件

贵州被誉为"国家公园省"，是中国西部旅游圈中的重要旅游目的地之一，是海外游客到中国西部旅游的第一大站，全省赖以发展旅游业的资源丰富而独特。

1. 神奇秀美的自然风光

贵州平均海拔 1100 米，喀斯特地貌发育典型，山水景色千姿百态，溶洞景观绚丽多彩，野生动植物奇妙无穷，山、水、洞、林、石交相辉映，浑然一体，加上冬无严寒、夏无酷暑的宜人气候，不仅博得了"公园省"的美称，还成为拥有世界自然遗产数量最多的省份。与此同时，贵州注重植树造林，森林覆盖率逐年提高。截至 2018 年末，全年营造林面积 34.67 万公顷，森林覆盖率达 57%，拥有国家级自然保护区 11 个，国家级森林公园 30 个，省级森林公园 45 个，市级森林公园 1 个。国家级湿地公园 45 个，省级湿地公园 4 个，湿地类自然保护区 1 个，让贵州成为中国名副其实的"绿色走廊"和最适宜人居的避暑胜地。贵州温泉资源遍布，目前 88 个县有 4/5 发现了温泉，平均一个县有 3.7 个温泉，冬季到贵州泡温泉正在成为一种健康养生的旅游时尚。

2. 丰富多彩的历史人文

从牂牁国到夜郎国，留下了中国水稻种植文化、巫傩文化、"竹崇拜""牛图腾"等神秘离奇的古文化、土司文化；在今安顺等地，仍然聚居着一支独立于世外的汉族群体——屯堡人，依然恪守着其世代传承的明朝文化与生活习俗，历经 600 多年沧桑，形成独具特色的"屯堡文化"；红军长征途经贵州，从强渡乌江、四渡赤水、遵义战役到遵义会议召开的红色文化，让贵州历史人文景观独具魅力。以遵义海龙囤世界文化遗产、镇远历史文化名城、习水土城、黄平旧州历史文化名镇，锦屏隆里、黎平肇兴历史文化名村等为代表的历史文化体验旅游，以荀坝红色文化旅游创新区、修文阳明文化园、大屯堡旅游景区等为代表的文化旅游景区建设有序推进；花溪青岩古镇、六枝郎岱古镇、仁怀茅台酒镇、西秀旧州古镇、雷山西江苗寨等特色小镇建设不断加快。

3. 别具一格的民族资源

全省世居少数民族有苗族、布依族、侗族、土家族、彝族、亿佬族、水族、回族、瑶族、白族、壮族、畲族、毛南族、蒙古族、仫佬族、羌族、满族 17 个。在世世代代居住中，各民族间交错杂居、成片聚居，创造了各自浓郁的民族风情。他们能歌善舞，民族种类繁多，戏剧艺术各具特色，民族风俗绚丽多彩。如民族传说、诗歌、侗族打歌、苗族飞歌、芦笙舞、水族铜鼓舞等，形成了极具特色的少数民族文化。2009 年，侗族大歌被联合国教科文组织列为人类非物质文化遗产享誉全球。雷山西江苗寨，作为全世界最大的聚居苗寨；黎平肇兴侗寨，作为全国最大的侗族聚居村寨被载入吉尼斯世界纪录。

（二）快速发展的大旅游产业

1. 注重顶层设计

省委、省政府在确定旅游业为国民经济支柱产业后，不断加强组织领导、统筹调度和工作机制创新，建立贵州旅游发展产业发展大会机制，推动 9 个市（州）开展旅游产业观摩会，推广旅游发展经验。着力打造"山地公园省·多彩贵州风"品牌。制定出台《贵州省 100 个精品旅游景区创建工程五年行动方案》，编制印发《贵州旅游发展总体规划》《贵州温泉产业发展规划》《贵州省世界名酒文化旅游产业带规划》等编制工作，山地旅游发展顶层设计日趋完善。

2. 构建发展平台

贵州近年来加快发展以旅游业为重点的现代服务业，大力推进旅游业供给侧结构性改革，优化旅游发展环境，实施服务业创新发展十大工程，新增认定 8 家省级现代服务业集聚区。大力发展山地旅游，强力推进 100 个精品旅游景区和 10 个国际旅游目的地建设。截至 2018

年末，5A 级旅游景区 6 个，比 2017 年末增加 1 个（梵净山）；4A 级旅游景区 111 个，比 2017 年末增加 16 个。全国重点文物保护单位 71 个，省级乡村旅游示范区（村）131 个，乡村旅游扶贫重点村 2422 个。与凯悦、喜来登等世界知名品牌酒店合作，引进先进的管理经营模式。加快"快旅慢游"体系建设，高标准优化旅游服务。

3. 开展智慧旅游

贵州依托大数据，加快推进"云上贵州·智慧旅游云"建设。将游客在贵州行、住、食、游、购等要素结合起来，向游客推送精品客栈、农家云舍等服务平台，为游客开启"满意旅游"新模式。目前，智慧旅游云汇集了全省 A 级旅游景区、旅行社、星级饭店、导游的基础信息数据及其他旅游数据，并与三大运营商、百度、交通部门等进行数据合作，打破了数据壁垒，更好地服务到贵州旅行的广大游客。同时，智慧旅游云也能快速收集到游客来源地域分布、性别比例、消费能力、景区关注度、交通状况等数据，这将为贵州省旅游部门、市场营销、客流疏导、景区调度管理等提供更科学的决策和更优质的服务作数据支撑，更好地推进贵州旅游业的向前发展。近年来，到贵州的游客数量逐渐攀升，带动了贵州旅游收入增长，2014—2018 年旅游总收入年均增长 31.9%、旅游总人数年均增长 29.3%。截至 2018 年年末，全年旅游总人数 9.69 亿人次，比 2017 年增长 30.2%；旅游总收入 9471.03 亿元，增长 33.1%。

4. 强化宣传推广

近年来，贵州已在欧美、东亚、东盟及港澳台等 20 余个国家和地区开展文化旅游推介活动，借力世界旅发大会举办贵州旅游专场推介，《多彩贵州风》全球巡演超过千场，让众多海内外游客通过多种渠道了解到贵州山水和人文景观。为全面提升贵州旅游品牌的知名度和市场竞争力，连续三年送出旅游大礼包，同时不断完善以旅游资讯、行业管理和媒体监督相结合的"贵州旅游服务热线平台"和服务热线"96972"，竭力为游客提供问询、投诉、救援、代订等一站式服务。

 2017—2019 年贵州清凉旅游大礼包

2017 年：贵州向"十大火炉城市"提供全省景区门票 5 折、高速公路通行 5 折，同时执行航空、旅游包机、旅游专列优惠及补贴政策。

2018 年：贵州再度送出清凉大礼包，邀请 10 个夏季高温城市所在省（区、市）居民来贵州避暑，推动全省避暑旅游经济持续升温。

2019 年：贵州继续向全国所有省（区、市）的居民推出优惠范围更广、优惠时间更长的专项旅游优惠政策。如贵州以外全国其他省（区、市）和港澳台地区居民凭本人有效身份证件包括享受贵州省各收费旅游景区门票挂牌价五折优惠、贵州以外的全国其他省（区、市）7 座及以下小型客车在贵州境内高速公路行驶实施五折通行优惠等。

正是依托丰富而独特的旅游资源优势，全省努力开发高品质的山地旅游业态，优化高标准的山地旅游服务，加快"快旅慢游"体系建设的步伐，把大旅游作为经济社会发展的三块长板之一，以此保障旅游业高质量发展。

（三）旅游产业前景辉煌

贵州旅游发展的目标已经明确，将充分发挥我省独特山地自然景观、多彩民族文化、良好生态环境和气候优势，大力创新山地旅游业态，提升旅游服务质量，努力打造以"多彩贵州·山地公园"为品牌的世界知名山地旅游目的地，建成山地旅游大省。

1. 旅游产品更加丰富

将大力实施旅游精品带动工程，发展旅游新产品和新业态，加快构建山地旅游特色产品体系，全面提升山地旅游发展水平，打造贵州旅游升级版。推进旅游业与新型城镇化、新型工业化、农业现代化融合发展，以世界山地旅游大会、全省旅发大会、100 个旅游景区为平台，着力发展复合型山地旅游产品，形成与公园省相适应的多元化旅游产品体系。重点依托世界自然遗产、国家级风景名胜区、森林公园、湿地公园等，加快发展自然景观游、生态旅游、避暑休闲、温泉度假、健康养生、山地户外运动、汽车露营、探险等旅游产品。充分利用大射电天文望远镜、地质公园等科普资源，加快发展科普旅游产品。依托文化遗产、古城古镇及重点旅游城市，重点开发红色旅游、民族文化旅游、特色城镇旅游等产品，规划建设一批具有旅游服务功能的城市综合体、历史文化街区、休闲娱乐中心。围绕工业化发展，积极开发工业观光、产品制造体验、创意产业旅游、科普体验、"三线"文化博览等工业旅游产品。结合现代山地特色高效农业建设，大力发展观光农业、休闲农业、体验农业等旅游产品。突出精品景区龙头带动和品牌建设作用，打造一批国际水准的自然景观和文化旅游精品，积极创建国家公园。着力改造提升黄果树—龙宫、荔波喀斯特、赤水丹霞、施秉云台山、梵净山、织金洞、马岭河—万峰林、百里杜鹃等山地精品景区和雷山西江苗寨、黎平肇兴侗寨、三都万户水寨等民族文化旅游景区，加快完善荔波樟江、威宁草海、潕阳河、万峰湖、花溪十里河滩等山地水体景区功能，加快建设平塘大射电天文科普旅游景区和惠水燕子洞亚太国际地理标志公园。加强红色旅游经典景区建设，提升遵义会议会址、四渡赤水、黎平会议旧址等一批国家级红色旅游经典景区功能。推进仁怀茅台镇、桐梓娄山关镇、息烽永靖镇、印江木黄镇、瓮安猴场镇等红色旅游小镇建设。到 2020 年，建成 4A 级以上旅游景区 100 个以上，国家旅游度假区、国家旅游产业集聚区和文化旅游产业园区 10 个以上。

2. 旅游基础设施更加完善

充分发挥高铁、高速公路、航空、城际铁路等快速大交通的骨干支撑作用，着力完善全省旅游快速交通网络，加快推进重点旅游区、旅游城市与高铁、高速公路、机场及交通枢纽的快速联络线建设，实施一批旅游交通环线、旅游专线公路及断头路建设项目，在有条件的景区规划建设通用航空机场，提高旅游的通达性和可进入性。结合农村公路畅通工程，大力改善乡村旅游交通条件。加大重点旅游景区道路、供水、供电、污水和垃圾处理、公厕、停车场、环卫、消防等设施建设力度，加快改善旅游景区基础条件。加快构建交通旅游服务体系。实施《贵州省高速交通旅游服务体系建设行动计划》，加快构建交通路网服务、交通便捷服务、交通特色产品、旅游信息服务、交通服务保障五大综合交通旅游服务体系。优化提升旅游交通服务设施，重点建设旅游交通服务"十大工程"，建设完善交通住宿、餐饮、购物、标识标牌等设施，拓展提升高速公路服务区旅游服务功能，建设一批自驾车营地和一批汽车旅馆，积极打造精品自驾车旅游线路。完善汽车租赁网点，支持有条件的重点旅游景区建设旅游小火车和索道设施。加强交通旅游信息平台建设。

3. 旅游综合服务体系更加完备

加快完善游客咨询服务中心、旅游商品购物中心、旅游电子商务、汽车营地、医疗救助等旅游配套服务设施。推进旅游城市和旅游景区游客服务中心建设，加快形成以贵阳为中心，延伸至省内各主要旅游集散地的旅游接待服务中心网络。围绕重要景区景点，完善医疗卫生、金融服务、互联网等旅游便民服务设施建设。规范完善旅游公共标识系统。加快旅游酒店及住宿设施建设，促进高端酒店品牌化、度假酒店主题化、经济型酒店连锁化、乡村客栈标准化，提升旅游接待能力和水平。加强旅游安全保障体系建设，加快构建高效的旅游紧急救援体系。建立健全旅游投诉统一受理机制。"智慧旅游"系统工程建设将全面推进，实施智慧旅游云工程，加快完善国家旅游数据中心建设，推进旅游景区、旅游交通干线、旅游乡村的通信基础设施建设，加快景区和游客集中区域的无线宽带网络覆盖，力争到 2020 年所有 A 级旅游景区、星级饭店、旅行社、乡村旅游示范点旅游信息标准化分级达标。大力推进"智慧旅游"

应用，加快旅游政务网、旅游咨询网、旅游电子商务网、贵州旅游文化资源数据库建设。重点建设一批智慧旅游示范城市、智慧旅游小镇和智慧旅游景区，建成涵盖旅游产品推广、个性化服务预定、产品预算和决算等相结合的一体化智能服务体系。

三、强力推进大数据产业的发展

习近平总书记指出，建设现代化经济体系离不开大数据发展和应用，并多次强调要推动互联网、大数据与实体经济深度融合。贵州人民牢记嘱托、感恩奋进，始终把发展大数据作为践行"两个维护"、守好"两条底线"的政治责任。深入推进大数据与各行各业融合发展，始终把发展大数据作为谱新篇走新路的重要路径，有力推动了贵州大数据跃上新的台阶。

（一）大数据在贵州落户的优势

2013年7月，习近平总书记视察中国科学院时指出："大数据是工业社会的'自由'资源，谁掌握了数据，谁就掌握了主动权。"面对重大历史机遇和国家战略布局，全国各地都纷纷抢占大数据发展的先机，加快大数据领域的战略布局。省委、省政府在面临着大数据能否落户贵州、扎根贵州的现实问题前，结合贵州实际，深入思索着大数据对贵州推动开放发展的引领问题，在国家做出大数据战略部署之前，充分利用自身优势，开展先行探索。

1. 先天优势

贵州拥有良好的生态环境，冬无严寒、夏无酷暑，地质结构稳定，灾害风险低，能源矿产资源富集，电力价格相对较低。加之近年来贵州便捷便利的交通枢纽建成，为大数据落户贵州提供了先天优势条件。

2. 先发优势

贵州在底子薄弱、产业基础不扎实、人才和技术储备不足的情况下，敢于在大数据理论创新、实践创新、规则创新等方面率先发声和起步。并连续举办数博会，云集大数据领域专家学者、业内大咖和企业新品，让贵州获得丰富的理论成果和实践成果，为大数据扎根贵州奠定先发优势。

3. 先行优势

大数据无处不在，无所不用。贵州坚持发挥政府在大数据发展的领跑作用，争取到国家级大数据综合试验区的发展机遇，将数据资源管理与共享开放、数据中心整合、数据资源应用、数据要素流通、大数据产业集聚、大数据国际合作、大数据制度创新等方面开展系统性试验。同时，积极与市场合作，引进落地一大批大数据企业，充分发挥企业的能动性和主体作用，形成政府领跑、企业群跑的先行态势。由此，贵州成为全国最早从省委、省政府层面立体推动大数据发展的省份。

（二）大数据的建设历程及数博会成果

从2013年至今，贵州大数据建设硕果累累。自2015年起，秉承"全球视野、国家高度、产业视角、企业立场"的理念，创办数博会。并延续举办，不断刷新着嘉宾层次、组织形式、参会规模、参会成果等众多纪录。

2015年首届数博会，以"互联网＋时代的数据安全与发展"为主题在贵阳举行，促成一批项目落地。现场集中签约项目16个，签约座席1.6万席，投资总额为30.8亿元。习近平总书记肯定了"贵州发展大数据确实有道理"。

2016年第二届数博会，以"大数据开启智能时代"为主题，贵州与联合国开发计划署、微软、高通、戴尔、英特尔、NIIT、中国联通、中国工业协会、阳光七星集团等国内外知名企业和机构签定合作协议。通过举办专项签约、论坛签约、企业新闻发布会等形式，签约项目180个，总金额379.25亿元，其中合同类项目49个，总金额46.12亿元，协议类项目131个，总金额333.13亿元。李克强总理出席会议并指出，贵州正生长着一棵"智慧树"，开了一个"钻石矿"。

2017年第三届数博会，以"数据创造价值 创新驱动未来"为主题，投资规模继续扩大。全省成功签约项目360个、金额533.55亿元。李克强总理向2017年数博会发来贺信，指出贵州省主动顺应大数据、云计算、物联网、人工智能、区块链等新一轮科技革命和产业变革趋势，大胆探索、先行先试，取得了积极成效；贵州省共成功签约项目199个，金额352.8亿元；全球共有193家媒体，1639人汇集数博会，一大批国内外知名企业主动对接参加数博会。

2018年第四届数博会，以"数据创造价值创新驱动未来"为主题。习近平总书记发来贺信，强调中国秉持创新、协调、绿色、开放、共享的发展理念，围绕建设网络强国、数字中国、智慧社会，全面实施国家大数据战略，助力中国经济从高速增长转向高质量发展。

2019年第五届数博会，以"创新发展 数说未来"为主题，继续秉承"数据创造价值"的内核要求，设立国际前沿技术、行业数字应用、创新创业成果三大展示板块，专设5G、人工智能、大数据扶贫、工业互联网、国家展团等展区，围绕以"数字经济""数据安全""产业互联网""工业互联网""智能制造""人工智能""5G""区块链""电商与扶贫"等行业最热、关注最高、影响最广的热点话题，开办数场高端对话；围绕以"技术创新、数据安全、数字经济、融合发展、合作交流"五大板块举办多场专业论坛。吸引了来自全球55 个国家和地区的 26 000 余名嘉宾、约 448 家国内国外知名企业（谷歌、高通、NTT 数据、希捷、威图、阿里巴巴、腾讯、华为、360、紫光、新华三、浪潮等）参展，全面展示大数据各细分领域的新技术、新产品、新应用，完整呈现全新的展览生态。发布了从全球范围内评选出的最前沿、最具颠覆性、最具影响力、最具创新性的"黑科技"10 个、"新产品"20 个、"新技术"10 个、"商业模式"9 个，共计 4 大类 49 个奖项。获奖科技成果涵盖了人工智能物联网区块链、云计算等新兴技术，以及在脱贫攻坚、政务服务、社会治理、生态保护、民生保障等领域的突破性应用，体现了大数据领域创新的前沿水平和发展方向。其中，贵州企业斩获 6 个奖项。另外，还首次通过"数博大道"全方位展示全球最新大数据成果和未来数字城市形态。2019 年数博会，因更加突出国际化参与、更加突出行业引领、更加突出展会融合、更加突出权威发布、更加突出集成展示，让其成为充满合作机遇、引领行业发展、共商发展大计、共享最新成果的世界级平台，参会嘉宾、企业数量、层级、范围皆创历届新高。习近平总书记再次向 2019 年数博会发来贺信并强调，中国高度重视大数据产业发展，愿同各国共享数字经济发展机遇，通过探索新技术、新业态、新模式，共同探寻新的增长动能和发展路径，共商大数据产业发展与合作大计，为推动各国共同发展、构建人类命运共同体作出贡献。

2019 中国国际大数据产业博览会于 5 月 26 ~ 29 日在贵阳举行

（三）大数据与多领域的融合发展

1. 大数据与实体经济的融合

近年来，贵州扎实推进"千企引进""千企改造"工程，对传统行业、企业进行数字化改造，加快数字经济发展进程，旨在提升大数据对实体经济的贡献度，推动实体经济转型升级。全省大数据与实体经济正由融合初级阶段向中级阶段加速迈进，发展水平不断提升，数字经济增速位列全国第一。大数据企业有9500多家，上云企业突破1万户。苹果iCloud中国（贵安）数据中心开工建设，腾讯贵安数据中心试运行。数字化研发设计工具普及率和关键工序数控化率分别达到48.7%和33.6%。电子信息制造业增加值增长11.2%，互联网和相关服务业、软件和信息技术服务业营业收入分别增长75.8%和21.5%，网络零售额增长30%。2014年到2018年，全省规模以上电子信息制造业增加值、软件和信息技术服务业收入年均分别增长35.31%、30.56%。电信业务总量增速连续两年超过140%、连续23个月排名全国第一；2015年到2018年网络零售交易额年均增长48.79%。引进了苹果、阿里、华为、腾讯等一大批知名企业，培育壮大了易鲸捷、货车帮、白山云等一批本土企业。2018年，全省1625户实体经济企业与大数据实现深度融合。

2. 大数据与乡村振兴的融合

贵州作为全国脱贫攻坚的主战场，通过大数据信息化技术促进农业提质增效，通过"大数据＋农业"深化农村产业革命，让大数据贯穿农业的种植、运输、销售等各个环节，提高了农业生产数字化、精准化和智能化水平。一方面，加快农村管理服务数字化进程。比如，在500亩以上坝区建设农业大数据平台，将458个农产品纳入追溯系统，实现了对农产品的数字化管理。通过建立"扶贫云"，对全省建档立卡贫困人口扶贫脱贫进行精准识别、动态管理、全程留痕，实现了及时精准兑现各项扶助政策。另一方面，运用大数据，推动构建现代农业生产、经营、销售体系，推动黔货"出山"。全省共培育70个国家级电子商务进农村示范县和23个省级电子商务进农村示范县，建成县级电商运营服务中心60余个、村级电商服务站点10 220个，快递物流覆盖全省80%的乡镇，电商让分散的农产品进入大市场变成现实，小农户与现代农业发展实现了有效衔接。

3. 大数据与服务民生的融合

在政务服务领域，贵州构建部门之间数据联通共享机制，开发各类便民应用，运用在教育、医疗卫生、社保等关系群众切身利益的公共服务中。如"精准扶贫云"实现了23个部门数据实时共享交换，为贫困户精准画像，扶贫政策可自动精准兑换。"扶贫云"与"教育云"的融合，实现了贫困家庭子女高中、大专院校免学费的零申请、零证明、零跑腿，真正达到便民服务。"医疗健康云"在全国率先建成覆盖省市县乡公立医疗机构的远程医疗服务体系，时至今日，全省已开展远程医疗开展会诊服务 23.6 万例，成为"全国健康医疗大数据区域中心建设及互联互通试点省"。

4. 大数据与社会治理的融合

社会治理能力和治理质量，事关人民群众生产生活环境的改善提升，也事关社会治安的净化安全。提升政府治理能力既要靠制度创新，也要靠技术创新。近年来，贵州通过建立健全大数据辅助科学决策和社会治理机制，依托"云上贵州"平台，把大数据充分应用到司法改革、交通管理、社区治理等领域，涌现出"智慧法院""多彩警务云""社会和云""数据铁笼"等一批提升政府治理能力的智慧应用平台。推进政府管理和社会治理模式创新，推动全省社会治理模式从线下转向线上线下融合，从单纯的政府监管转向更加注重社会协同治理，提升了政府的管理水平、服务水平和决策水平。

此外，发展大数据还要做到"四个强化"，即：着力强化对现有大数据企业的支持力度、着力强化对大数据企业的招商力度、着力强化与大数据融合的高科技企业的招商力度、着力强化对大数据等高科技领域人才的引进力度，将其作为大数据向纵深发展的力量之源，推动贵州跃上新台阶。

第三节　现代服务业的发展

现代服务业包括生产性服务业和生活性服务业。为适应经济结构调整和转型升级需要，加快推进生产性服务业和生活性服务业向专业化和价值链高端延伸，以资源要素优化配置、服务功能集成为主要路径，以重点业态发展壮大、 产业集聚融合发展、发展环境优化提升为主要任务，大力推进现代服务业向市场化、专业化、规模化发展，向价值链高端延伸，促进服务业与工农业在更高水平上有机融合、良性互动，支撑和引领全省经济提速提质增效发展。2018 年，现代服务业占服务业比重提高到 41%。

一、现代物流业

建设目标：依托产业基础、交通和区位优势，优化物流网络枢纽和节点布局、构筑物流立体大通道，加快形成多层级、多业态、网络化、标准化、智能化的现代物流体系，把贵州建设成为西南地区重要的物流枢纽和全国区域性物流中心。

一是优化物流产业空间布局。加快全省现代物流发展核心区建设，发展以贵阳市为中心，贵安新区、安顺市为枢纽，双龙航空港经济区为支撑的贵阳大都市物流核心圈；建设遵义—贵阳—都匀南北物流发展轴和兴义—六盘水—安顺—贵阳—凯里—铜仁东西物流发展轴；加快建设黔西北、黔东北、黔东南、黔西南物流聚集区；改造提升一批物流配送中心，在每个县至少规划建设一个配送中心，加快形成"物流中心—基地—配送中心"的多级物流配送体系。

二是完善物流网络。大力推进空中、陆路、水域立体物流大通道的贯通、加密和等级提升，形成覆盖全省、辐射西南和全面联结"一带一路"、长江经济带与珠三角、京津冀等重点区域的国际国内物流大通道。

三是大力发展多式联运，推行标准化包装和小型集装箱，推进铁路、高速公路、航空水运通道及管道等不同运输方式的紧密衔接，形成覆盖公路、铁路、内河码头、机场等重要交通枢纽、货物集散地、产业园区的无缝衔接运输网络。

二、现代金融业

建设目标：以服务实体经济为导向，以降低融资成本、丰富产品供给、提升服务能力为目标，着力推动普惠金融和绿色金融发展，努力将贵州打造成为全国金融支持实体经济和金融生态建设示范区。

一是加快完善金融体系，优化金融机构布局，拓宽金融服务广度和深度，建立种类齐全、层次多元、竞争有序的区域金融机构体系。积极培育和发展地方法人金融机构，引进一批政策性银行、全国性股份制银行、外资银行以及非银行金融机构来黔设立分支机构，加快组建民营银行、保险公司、金融租赁公司、消费金融公司等地方法人金融机构，建设多层次资本市场，规范发展股权投资基金行业，加快推进中国西部科技金融区域中心、贵州金融网络服务平台、贵州金融城、中小微企业金融服务超市、金阳金融商务会展集聚区建设，加快把贵阳市打造成区域性金融中心。

二是大力发展普惠金融和绿色金融。建设"互联网"金融模式创新交易服务平台，发展新型农村合作金融组织，支持发展以排放权、排污权、碳收益权等为抵（质）押的绿色信贷，积极推动贵安新区西部绿色金融港和贵州绿色金融交易中心建设，推动金融信用信息和基础信用信息的整合与共享，大力培养和引进一批复合型、专家型金融人才队伍，完善配套制度，加强对金融风险的预警和监测，维护地方金融稳定。

三、现代科技服务业

建设目标：围绕重点产业生产系统智能化、产业组织网络化和产品需求多样化，构建和形成面向以省内需求为主的产品研发设计服务产业链，推动"贵州制造"向"贵州创造"跃升。

一是打造国家和省级科技创新平台，加强国家级、省级科技企业孵化器能力建设，建立完善科技成果转移服务体系，加强研发设计成果转化平台建设，培育一批技术转移示范机构，积极发展知识产权、勘察设计等服务。

二是积极发展检验检测认证服务，加快建设一批国家级和省级检验检测中心，特别是面向烟、酒、茶、食品、中药材、煤炭、磷化工、新型建筑材料、电子元器件、北斗导航产品、新能源汽车等产品的检验检测机构建设，鼓励和引导行业龙头企业内部检验检测机构开展社会化服务，提升检验检测服务市场化水平。

三是加快发展节能环保服务，加快推进政府购买节能环保服务工作，积极发展节能环保技术推广与交易、环保规划咨询、环境工程设计、总承包、第三方治理、能源审计、清洁生产审核、节能认证评估等业务，大力推行合同能源管理、环境污染第三方治理，鼓励在各类城市、开发区和重点行业开展综合环保服务试点，探索推进废弃物逆向物流交易平台建设。

四、新兴电子商务业

建设目标：积极推进电子商务深度融入实体经济，促进电子商务与我省特色优势产业融合发展，加强平台建设，加快普及应用，加大与知名电商平台的战略合作，打造贵州电子商务生态圈和中国电子商务贵州版。

一是加强电子商务平台建设。加强与京东商城、阿里巴巴、腾讯、国美、苏宁易购等国内知名电商平台的战略合作，支持贵州电子商务云、电子商务综合服务平台做大做强。鼓励在茶叶、新医药、新型建材、文化旅游等领域积极发展行业电商和垂直电商，支持象网汽配、酱酒网、慧积地等发展汽配、酒类、旅游电子商务。积极发展跨境电商，依托综保区，培育亿赞普、亿康贵安等跨境电商经营主体，鼓励商贸服务企业通过电子商务拓展进出口代理业务。

二是大力发展农村电商。引导各类经营主体加大农产品网络营销力度，推广"农特旅产品＋电商"运行模式。鼓励涉农经济主体拓展电子商务业务，扶持"贵农网""贵人购""淘黔宝"等本地电商品牌发展，构建起覆盖省市县乡村五级的农村电子商务服务体系。加快农村电商线下服务站点建设，依托"万村千乡"农家店、供销网点、邮政网络，建设县级运营中心、乡（村）社区电子商务服务站（点），支持各地依托当地特色产业打造适合网络销售的本土特色农产品、手工艺品品牌，与电商企业合作开展村级电子商务示范店建设。建设可溯源农产品大数据中心，加强农产品质量安全体系建设。

五、现代会展服务业

建设目标：依托良好的生态、交通等优势，坚持市场化、集聚化、产业化导向，强化层级设置，优化空间布局，提升会展经济发展水平，努力构建起以贵阳为核心的会展服务产业体系，把我省打造成为国际知名的夏季会展中心。

实施会展业提升发展工程，积极推进生态文明贵阳国际论坛、酒博会等一批高端会展平台提升发展，加快建设中国贵州大数据峰会永久性会址、东盟教育交流周永久会址等会展设施，支持各市州培育打造一批富有地方特色、在国内国际有一定影响力的会展品牌（平台）。加快贵阳国际会议展览中心、贵安新区会展中心、遵义国际会议会展中心、中国万峰林国际会议中心、中国贵州苗侗文化会展中心等会展场馆的改造提升和建设，打造一批区域性会展服务品牌。

六、现代商务服务业

围绕服务生产保障民生需要，不断提升法律、广告、咨询等商务服务业发展质量水平；加快发展以律师服务、公证服务和调解仲裁服务为主要内容的法律服务，鼓励法律服务企业走产业化、规模化经营道路，争创一批行业品牌企业；大力发展广告创意、策划、设计、制作以及营销发布等服务，鼓励和支持数字化音视频、动漫和网络等实用新技术的推广应用，积极推动互联网、通信、楼宇视频等新兴广告媒介健康有序发展，加快推进贵阳多彩贵州广告产业园等广告产业集群和专业园区建设；积极发展会计、审计、税务、市场调查、经济社会发展咨询和其他专业技术咨询服务；结合城市商业中心、城市综合体等建设，加快推进商务服务与金融、商贸、餐饮、娱乐等相关服务业态的集聚融合发展。

七、新型养老服务业

积极应对人口老龄化，大力推进养老服务市场化、产业化发展，加快形成以居家为基础、社区为依托、机构为补充和功能完善、规模适度、结构多元、覆盖城乡的养老服务产业体系。推进养老服务与相关产业融合发展，推动基本生活照料、康复护理、精神慰藉、文化服务、紧急救援等领域与相关产业融合创新发展，扩大养老服务的内涵和外延；积极推进医疗卫生与养老服务融合发展，拓展养老服务内容，大力发展医疗保健、健康保险、体检、咨询等养老健康服务；支持养老机构开展特色服务，促进具有康复资质的医院与养老机构在康复项目、设备配置、人员培训等方面加强合作；完善医保报销制度，解决老年人异地就医结算问题。推进"智慧养老"工程，建立面向居家老人、社区及养老机构的传感网系统与信息平台，建设智能化的养老服务；大力发展老年教育，支持各类老年大学等教育机构发展，扩大老年教育资源供给，促进养教结合。

八、现代文化服务业

大力发展民族演艺、音乐、工艺、节庆、出版、广播影视等特色文化产业，壮大提升文化艺术、广播影视、新闻出版、休闲娱乐等传统文化产业，培育扶持数字出版印刷、绿色印刷、互联网新媒体、三网融合、动漫游戏等新兴文化产业，构建现代文化产业体系；搭建文化产业创意创新、投资融资、展示交易、产业联盟等发展平台，培育打造一批优强文化企业集团，促进优势文化产业集群化发展，把文化产业培育成为支柱性产业；加快建设覆盖广泛、技术先进、传输快捷的文化传播渠道，推进广电网络跨区域整合。推进文化产业与科技、金融、信息、制造业等深度融合，推动实施文化产业扶贫"千村"计划；深化文化体制改革，建立健全现代文化市场体系，不断扩大文化领域对外开放水平；加强文化市场监管，保护文化知识产权，建立统一、开放、竞争、有序的现代文化市场体系；推出 3～5 个兼具贵州特色、丰富文化内涵和较强吸引力的舞台艺术精品，全力打造民族特色文化强省，让多彩贵州风行天下。

⑧ 微人物：华为公司总裁——任正非

任正非，祖籍浙江省浦江县，1944 年 10 月 25 日出生于贵州省安顺市镇宁县。华为技术有限公司主要创始人兼总裁。1963 年就读于重庆建筑工程学院（现重庆大学），毕业后就业于建筑工程单位。1974 年应征入伍成为基建工程兵，参与辽阳化纤总厂工程建设任务，历任技术员、工程师、副所长（技术副团级），无军衔。1978 年出席了全国科学大会，1982 年成为中共第十二次全国代表大会代表。1987 年，任正非集资 21 000 元人民币创立华为技术有限公司，1988 年任华为公司总裁。2003 年，任正非荣膺网民评选的"2003 年中国 IT 十大上升人物"；2005 年入选美国《时代》杂志全球一百位最具影响力人物；2011 年，任正非以 11 亿美元首次进入福布斯富豪榜，排名全球第 1153 名，中国第 92 名。2015 福布斯华人富豪榜排名 350，全球富豪榜排名 1741。2016 胡润 IT 富豪榜，任正非以 105 亿元排名第 35 位。2018 年 3 月，任正非不再担任副董事长，变为董事会成员；10 月 24 日，入选中央统战部、全国工商联《改革开放 40 年百名杰出民营企业家名单》。2019 年 4 月，上榜美国《时代》杂志（Time）2019 年度全球百位最具影响力人物榜单。

✍ 微故事：世界桥梁博物馆

2018 年 9 月，经世界纪录认证机构——吉尼斯世界纪录有限公司认证，位于贵州、云南交界处的杭瑞高速公路毕都段北盘江第一桥桥面距江面垂直高度达 565.4 米，荣获"世界最高桥"之称，载入世界纪录大全史册。北盘江大桥是贵州桥梁建设的一个缩影。贵州多山，地形地貌复杂，数代建设者在贵州打造了类型全、技术复杂、难度大的众多桥梁。如：贵阳至黔西高速公路鸭池河大桥凭借 800 米的主跨、1450 米的全长，成为世界上最大跨径的钢桁梁斜拉桥；贵阳至瓮安高速清水河大桥成为世界最长的山区钢桁梁悬索桥；道真至瓮安高速公路芙蓉江大桥是世界首创的全钢筋混凝土地锚式独塔斜拉桥；毕节至威宁高速赫章特大桥，大桥最高墩高 195 米，为同类桥梁世界第一高墩等等。目前，贵州公路桥梁有 2.1 万座，梁桥、拱桥、悬索桥、斜拉桥等所有桥梁类型都有并屡创世界纪录，是名副其实的"桥梁博物馆"。

第六章　欣欣向荣的民生事业

　　增进民生福祉是发展的根本目的。中华人民共和国成立前，贵州民生事业十分落后，在一定程度上制约了全省经济社会的发展。中华人民共和国成立后，贵州民生事业加快发展，群众获得感、幸福感和安全感明显提升。

第一节　教育与科学技术事业

一、贵州教育事业

　　教育是立国之本、强国之基，建设教育强国是中华民族伟大复兴的基础工程。因地处西南一隅，古代贵州教育事业相对落后，明代以后，朝廷逐渐加强对贵州的统治，贵州教育事业取得较大发展。抗日战争时期，大批文人、大学入黔，贵州教育飞速发展，但抗战结束后有所衰退，直到中华人民共和国成立后，贵州教育事业才取得较均衡、全面的发展。党的十八大以来，贵州走出了"穷省办大教育"的图强之路。

（一）历史上的贵州教育

　　东汉时，尹珍（字道真，约 79—166）到中原地区学习，回乡后在今正安、道真、绥阳一带办学。唐宋时期，贵州地区陆续创办学校。南宋时期，统治播州的杨氏家族在遵义一带"择师礼贤""建学养士"，"蛮荒子弟乃多读书"，30多年间，贵州出了8名进士。南宋绍兴年间（1131—1162），出现了贵州第一所书院——沿河鸾塘书院。元代，在今贵阳设立顺元路儒学，是贵州有官学之始。明代贵州建省前后，大量汉族文人因做官、从军或被贬来到贵州，促进了贵州教育的发展，明代贵州共有官学80所，书院26所，中进士者达121人，1700多人考取举人。

清代，各类学校数量增加，规模扩大。官府在边远少数民族地区兴办了不同形式的"义学"，有的称为"训苗义学"，还规定增加招收少数民族子弟的名额，并专门开设"苗科"。据统计，清代有各级官学69所、书院159所、义学301所，还有大量民间私塾，贵州中举者达4300多人，中进士者达600多人。贵阳的赵以炯（字仲莹，1857—1906）、麻哈（今麻江县）的夏同龢（字季平，1868—1925）等还以状元夺魁天下。

 新教育的先驱

　　光绪二十二年（1896）贵州人李端棻（字苾园，1833—1907）向朝廷上奏《请推广学校折》，建议"自京师至各府州县皆设学堂"，改革以八股取士的弊端，开设算学、外语、天文、地理、格致、农、工商、矿业、时事外交等方面的课程，成为推行新教育的先驱。

鸦片战争后，近代教育思想逐渐传入贵州。1897年，贵州学政严修改革"学古书院"，次年更名为"经世堂"，贵州第一所新式学堂诞生。

民国时期由于地方军阀混战，贵州教育发展缓慢。1928年贵州省政府将高校和职校合并改建为贵州大学，但到1937年停办。1937年全省无一所大学，仅有初等学校2222所，学生31.7万人，中等学校32所，学生不到1万人。抗日战争期间，沦陷区的部分学校迁入贵州。1945年全省小学增至1.06万所，学生75.58万人；中等学校增至170所，学生2.56万人；高等学校有外省迁来的大夏大学、湘雅医学院、浙江大学、交通大学分校；本省成立了贵阳医学院、贵阳师范学院、贵州大学等。抗日战争胜利后，外省迁入贵州的大、中学校纷纷迁回原地，贵州教育再次衰退。到1949年，全省仅有小学494所，在校学生5.9万人；中等学校81所，在校学生1.2万人；大学3所，在校学生1747人，文盲半文盲达90%以上。

（二）当代贵州教育

当代贵州教育经历了接管和改造、整顿和发展、曲折发展、全面开创贵州教育新局面4个阶段。

接管和改造。1949—1952 年，贵州接管学校和其他教育机构合并进行初步改革，加强了中国共产党和人民政府对教育的领导，实行校长负责制和民主管理，选拔一批干部到学校担任领导工作，建立了中国共产党的基层组织。对教师进行了思想政治教育和思想改造，使其初步树立新的人生观、世界观。对教学内容、教学方法和管理制度进行改革，取消党义、公民、童子军、军训等课程，新设新民主主义论、社会发展史等马列主义课程。各级各类教育都得到恢复和发展。

整顿和发展。1953 年国家开始执行"一五"计划，教育事业进一步发展。1953 年高等学校进行院系大调整，贵州共保留 3 个学院、9 个系、10 个专修科，1957 年 3 所高等学校在校生共计 3642 人。普通中学在校生达 6.21 万人，中等专业学校（含中等师范学校）在校生达 1.18 万人，小学在校生 154.12 万人，学龄儿童入学率 53.7%。民族教育从无到有，新开办民族学院 1 所、民族师范学校 3 所、民族中学 14 所、民族小学 804 所。在农民、职工、战士和城市居民中开展扫除文盲运动，开办了一批职工业余学校、干部业余文化学校和农民夜校。

曲折发展。1958—1978 年贵州教育曲折向前发展。1958 年在"大跃进"形势下，贵州教育事业发展过快，规模过大，影响了教育质量。全省高等学校猛增到 35 所，在校生 6939 人；普通中学增到 5371 所，在校生 164.98 万人；小学 16 751 所，在校生 212.32 万人。1959 年贵州根据中央精神对教育进行局部调整，1961、1962 年进行较大调整，高等学校压缩到 5 所，普通中学减少到 204 所，小学减少到 10 056 所。1961 年后普遍试行"高教六十条""中教五十条""小教四十条"后，各级各类学校恢复了正常教学秩序，教学质量得到提高。1966—1976 年"文化大革命"期间，贵州教育事业发展停滞，部分教师被当作"反动学术权威"受到批斗，许多学校的校舍、实验室、教学仪器、图书资料遭到严重破坏。

全面开创贵州教育新局面。中共十一届三中全会后，恢复高校统一招生考试制度，充实加强各级各类学校领导班子，调整教育结构，并根据重新颁布的大、中、小学条例整顿教学秩序，贵州教育事业迅速恢复并发展。1985 年，省委《关于进一步实施科教兴黔战略，大力加强人才队伍建设的决定》把教育和科技提到全省经济社会发展的战略地位，逐步确立了教育的基础作用和战略地位，贵州教育步入了加快发展的新时期。到 2005 年，"两基"人口覆盖率达到 93.9%。小学、初中、普通高中教师学历合格率分别达到 94.6%、94.4%、82.4%。

2006—2015 年，贵州教育发展进一步加快，学前教育持续发展，"两基"教育通过国家督导评估检查，义务教育普及程度、办学条件、师资水平等主要指标大幅提升，全面实现城乡免费义务教育，现代职业教育进入集团化、园区化办学发展时期，实现中职免费教育。建成了清镇职教城、花溪大学城，实现高等教育大众化。

花溪大学城

（三）当前的贵州教育

贵州坚定不移地推进教育优先发展，以到 2020 年基本实现教育现代化为总体目标，结合贵州服务大扶贫、大数据两大战略行动，把教育作为精准扶贫脱贫的重要抓手、城镇化的重要动力、工业化的重要支撑和消费升级的重要领域，主动适应经济发展新常态，打造贵州教育加速发展、加快转型升级版。

1. 教育普及程度显著提高

2018 年，贵州提前两年实现县域内义务教育基本平衡发展，成为西部地区率先实现县域内义务教育基本均衡发展的省份之一。小学学龄儿童入学率为 99.66%，初中阶段毛入学率为 109.71%，高中阶段毛入学率为 88%，高等教育毛入学率 36%，普及程度赶上全国教育发展平均水平。

2. 多措并举打出教育扶贫"组合拳"，成效显著

贵州省把"扶智与扶志""输血与造血""补短板与促发展"相结合。一方面增加学前教育、义务教育和普通高中建设项目资金，重点加强标准化农村寄宿制学校和城镇义务教育学校建设，新建和扩容改造普通高中学校，2018 年，建成公办幼儿园 669 所，改造农村义务教育薄弱学校 973 所，实现了全省所有乡镇公办幼儿园全覆盖，农村寄宿制学校基本满足学生寄宿生活需求。另一方面，通过压缩行政经费用于教育精准扶贫，实施特殊教育提升计划。2016 年起，全省各级党政机关压缩 6% 的行政经费用于教育精准扶贫。实施建档立卡贫困学生精准资助政策，2018 年，贵州省下拨教育精准扶贫学生资助转向资金 16.99 亿元，资助农村建档立卡贫困学生 46.51 万人，全面开通"绿色通道"，实现"精准资助、应助尽助"。同时，把现代职业教育作为精准脱贫的一项战略性举措，面向深度贫困地区和贫困人口招生办学。在实施教育精准资助、兜住底线、加强"输血"的同时，强化教育扶贫拔穷根的"造血"功能，着力从源头上阻断贫困的代际传递。

 教育精准扶贫"1+N"

　　2018 年 5 月，贵州省启动教育精准扶贫"1+N"计划，重点聚焦深度贫困地区，聚力打好教育扶贫"组合拳"。"1"即以"校农结合"作为教育精准脱贫的引领和突破，以学校食堂农产品需求为导向，通过购买农产品有效引导贫困地区农民主动调整农产品生产计划与结构，实现产销精准对接、校农互利共赢"一仗双赢"，加快助推脱贫攻坚。2018 年，全省"校农结合"采购农产品金额达 53.33 亿元，覆盖贫困人口 10.9 万户 42 万余人。"N"即针对现阶段贵州省教育扶贫领域的重点工作，通过实施学生精准资助、职业教育精准扶贫、办学条件改善、教育信息化深化应用、教师素质提升、农村和贫困地区招生倾斜、高校服务农村产业革命、教育对口帮扶、脱盲再教育、推普脱贫攻坚等 N 项教育精准脱贫计划，不断解决教育发展不充分不平衡的问题。

二、贵州科学技术事业

（一）贵州的自然科学与技术

1. 历史上的贵州自然科学与技术

　　19 世纪末 20 世纪初，近代冶炼技术、印刷技术和电报、电话等陆续引入贵州，近代自然科学知识开始在贵州传播。1911 年后民族工业兴起，工业、农业、医学、气象、交通、地质、计量等方面的科学技术有一定发展。1937 年国医研究所在贵州省国医馆设立，是贵州最早的独立科研机构。1938 年贵州省立科学馆成立。抗日战争时期，国内一些高校和企业内迁贵州，对贵州科学技术事业产生了积极影响。抗日战争胜利后，内迁高校、企业及科技人员纷纷离开贵州，贵州科学技术事业又渐趋衰落。1949年，人民政府接管的科学技术机构仅有省农业改进所、气象所、西南兽疫防治处、贵阳烟草改良场、湄潭茶叶实验场、清镇军马场和省科学馆，全省科技人员1500余人，科研条件很差。

2. 当代贵州自然科学与技术

中华人民共和国成立后，贵州科学技术事业在艰难探索中曲折向前发展。1951年，贵州科学技术普及协会筹备委员会、中华自然科学专业学会联合会贵阳分会筹备委员会成立，数学学会、农学会等一些专门学会也相继成立。1953—1955年，贵州开展了群众性的农业技术改革运动。1964—1978年三线建设期间，一大批技术力量雄厚、设备精良、自动化程度高的企业和学校科研单位迁到贵州，增强了贵州的科技实力，拓宽了贵州科技工作的领域，但在"文化大革命"中，贵州科学技术事业遭到严重的破坏。

改革开放后，贵州迎来了科学技术发展的春天。1978年7月省委召开贵州省科学大会，新设省科技干部管理局，成立贵州科学院和省农业科学院，并恢复了省科学技术委员会、省科学技术协会等一批科研机构和专门学会。1982年起，贵州科技工作的重点逐步转移到为经济建设服务上来，组织科技攻关，安排研究大批直接为经济建设和社会发展服务的项目，取得显著的经济效益和社会效益。1985年起逐步开展科技体制改革，初步建立起适应社会主义市场经济发展的科技体制。1995年，省委、省政府召开全省科学技术大会，做出《关于实施科教兴黔战略的决定》，把科技和教育摆在优先发展的战略地位，坚定不移地推进科技进步。2005年全面完成了"十五"科技计划，在高新技术开发和产业化、科技成果向现实生产力的转化、一些共性技术和关键技术的突破等方面都取得较大进展。

2006—2015年，全省科技与经济结合日趋紧密，深入推进以科技创新为主要创新驱动发展战略，科技创新平台逐步健全，科技创新能力明显增强，科技发展环境明显改善，科技支撑经济社会发展的作用逐步显现。2015年全省科技进步贡献率达到45.42%，高新技术产业产值达2820亿元，技术市场规模从全国第29位上升到第18位，增幅全国第一。"贵阳大数据产业技术创新试验区"通过科技部批复，成为继安徽、甘肃后的全国第三个国家级科技创新改革试验区。

3. 当前的贵州科学与技术事业

当前是贵州自然科学与技术大有作为的重要战略机遇期。创新成为我省经济社会发展的主要推动力，高新技术产业将成为经济增长的有力支撑，基本形成与现代产业体系相融合，适应贵州经济社会发展需要的支撑有力、布局合理、开放高效的区域创新体系，建成创新型贵州。2018 年科技进步贡献率提高到 48.6%。

（1）科技体制改革取得重要突破，技术创新市场导向机制更加健全，企业、科研院所、高等学校等创新主体充满活力、高效协同，科技管理体制机制更加完善，创新能力明显增强，科技对经济社会发展支撑引领作用更加凸显。

（2）科技综合实力显著增强，生物资源、喀斯特生态环境、现代山地高效农业、绿色生物制药等优势学科和大健康医药、磷化工、煤化工、锰化工、钾化工、有色金属、新能源汽车、新型建材、特色食品等区域性特色产业的创新能力进入国家先进行列。特别是 2016 年"中国天眼（FAST）"在平塘县落成启用，标志着我省科技上了一个新台阶。

位于贵州平塘县的中国天眼（FAST）

（3）创新产出大幅增加，知识创造、知识应用与知识转移加速，创新创业平台不断实现新突破，科技成果转化及创新的经济社会效益明显提高。

（4）高新技术产业层次明显提升，企业创新能力持续提高，科技创新创业人才队伍进一步壮大，高层次创新创业人才和团队加速集聚，我省成为西部地区极为重要的人才高地。

（二）贵州的哲学社会科学

1. 历史上的贵州哲学社会科学

贵州古代学术始于汉代，以"牂牁名士"盛览和以经学著称的尹珍为代表。三国魏晋南北朝时期，中原和周边先进文化对今贵州的影响加深。隋唐时代，儒学思想和外来文化对贵州的影响增强，"士俗大变，渐染华风"。宋代，中原先进学术以儒、佛、道为载体向贵州辐射，彝族先民创制的"罗殿国文字"已见诸史书；宋代方志《思州图经》《遵义军图经》和《珍州图经》问世。元代以方志编纂为代表的学术文化进一步活跃。明代贵州建省后，哲学、史志的研究和著述更有长足进步。王阳明"龙场悟道"和黔中王学兴起，使贵州的学术思想达到巅峰。明代贵州籍官员和文人所著史书、谱牒、传记、文集等，传世者不下数十种。明代贵州共修方志70余部，嘉靖《贵州通志》、万历《贵州通史》和《黔记》等为国内学术界所推崇。清代，贵州经学昌盛，郑珍（1806—1864）、莫友芝（1811—1871）、黎庶昌（1837—1898）等经学家在全国有一定影响。

民国时期，传统学科如史学、方志学、文献学、语言文字学等有所发展，新兴学科如民族学、经济学、社会学、地理学等也逐渐产生。五四运动时期，马克思列宁主义开始传入贵州，给贵州人文社会科学研究注入新血液。抗日战争期间，一些大学迁入贵州，许多人文学者在黔工作或短期逗留，贵州哲学社会科学研究随之活跃。

2. 当代贵州哲学社会科学

中华人民共和国成立后，贵州哲学社会科学事业突出表现为学习、宣传和普及应用马克思主义哲学、政治经济学和科学社会主义常识，确立了社会科学研究的指导思想，产生了一批研究成果。1958—1966年，贵州哲学社会科学研究机构相继建立，创办了一批理论刊物，研究队伍初步形成，基础理论研究和学科建设提上议事日程，产生了一批有较好社会效益和经济效益的成果。1959年组建省哲学社会科学研究所、省民族研究所和省文学艺术界联合会中的理论研究部门。《团结》《贵州工作》等一批学术期刊相继问世。哲学、经济学、史学、文艺理论、民族学等主要学科的骨干队伍逐步形成，初步形成了多学科的理论研究和应用研究格局。"文化大革命"时期，哲学社会科学研究机构被撤销，专业队伍被解散或受到严重冲击，期刊全部停刊。

改革开放后，贵州哲学社会科学界开始健康发展，先后建立和恢复了省社会科学院、各级讲师团、省文史研究馆和省委政策研究室、省政府发展研究中心等研究机构。1978年恢复贵州省哲学社会科学研究所并公开招考研究生，后改名为"贵州省社会科学院"。1980

年 7 月，《贵州社会科学》刊物正式创刊并面向全世界公开发行。1983 年全省哲学社会科学规划领导小组成立，召开规划会，部署全省社科研究规划的实施，设置社科研究基金和出版基金，逐步加大对社会科学研究的引导、扶持和资助，学术交流日益广泛，学术活动形式多样、内容丰富。

2006—2015 年，全省哲学社会科学战线紧密结合经济社会发展实际，以国家重大项目为龙头，优秀区域和民族文化研究实现新进展，哲学社会科学研究工作机制、体制逐步健全和完善，基础理论研究、应用对策研究明显加强，传统学科、新兴学科和交叉学科共同发展，对党委、政府的决策服务作用持续发挥，对经济社会发展的智力支持作用不断增强。

3. 当前的贵州社会科学

当前，贵州哲学社会科学不仅在立项总数和资助金额、国家重大项目、优秀区域和民族文化研究发面取得新进展，而且实施哲学社会科学创新工程，建立社科智库联盟。社科项目立项的增长是社科研究发展的根本动力，立项总数和研究经费的大幅增长，为全省哲学社会科学事业的大发展大繁荣提供了有力保证。杨军昌的《西南少数民族传统生态文化的文献采辑、研究与利用》、常明明的《1950—1956 年中国农村经济调查资料收集、整理与研究》、肖远平的《屯堡文化综合数据库建设》、周必素的《贵州遵义市新蒲播州杨氏土司墓地考古发掘与研究》、肖高华的《近代中国监察制度资料整理与研究》获得国家社科基金重大项目立项。

2016 年 4 月，由省社科院举办并牵头实施启动贵州省哲学社会科学创新工程，取得一系列成果。仅 2016 年至 2017 年，就取得运用大数据推进国家治理现代化、乌江经济走廊发展规划、丹寨县创新探索"四增到户"扶贫模式、建设国家大数据综合试验区实践研究、贵州生态文明先行示范区建设创新路径研究、贵州社会发展报告（2017）等 53 项哲学社会科学创新工程与高端智库建设优秀成果。2018 年 5 月，贵州省社会科学云服务平台上线运行，是全国地方社科院系统的首家社会科学大数据平台。

2016 年 10 月，省社科联启动哲学社会科学"十大创新团队"建设，促进了研究资源从"条块分割"向"集中统筹"转变，研究范围从"基础研究"向"应用对策"，研究人才从"散兵作战"向"合力攻关"聚力，推动了社会科学话语体系从"内部呼吁"向"外界发声"转变。省社科联命名授牌 30 个哲学社会科学"十大创新团队"，核心成员 252 名，研究方向涵盖了大扶贫、大数据、大生态三大战略中的热点、难点和痛点问题，研究成果成为各级党委政府的重要决策参考。创新团队就广泛参与大调研活动，先后形成 20 多篇研究报告，参加"智库专家进乡村""科普宣传周"活动10多场，结合单位党建帮扶点，在基层创建研究基地、实践基地，为地方发展提供了较好的智力服务。

第二节 社会保障与社会治理

一、贵州社会保障事业

社会保障是以国家或政府为主体，依据法律，通过国民收入的再分配，对公民在暂时或永久丧失劳动能力以及由于各种原因而导致生活困难时给予物质帮助，以保障其基本生活的制度。贵州社会保障事业中华人民共和国成立前比较薄弱，中华人民共和国成立后尤其改革开放后发展迅速，日趋完善合理，在保证人民基本生活需要和身心健康、维护社会安定团结等方面起了极为重要的安全网、稳定器作用。

（一）历史上的贵州社会保障

贵州由官方开办的慈善事业起步于明代。明洪武年间，龙里县设立救济院，巡抚江东之、巡按应朝卿在龙里置赈田，"年收谷102.1石"，专作慈善赈济的费用。万历年间，贵州各地普遍设立养济院等福利机构，无论老幼病残孤寡一并收容。清朝贵州福利事业大发展，养济院、孤儿院、育幼院等慈善机构在黔省各地普遍设立，规模明显扩大，功能上也有较细的划分。

民国后，1928年南京国民政府颁布《各地方救济院规则》，贵州建立了少量救济院。赤水县设立救济院，下设育婴所、育幼所、施棺所、栖流所、施药所、残疾所、借贷所、安老所。抗日战争时期难民大量涌入，官办福利机构救济院遍布贵州，且变消极救济为积极救济，组织有劳动能力的收养对象进行力所能及的劳动，在战时发挥了安定后方、支援抗战的重要作用。

（二）当代贵州社会保障

中华人民共和国成立后，1978年之前的社会保障实际上是国家保障，但层次较低。从20世纪50年代开始，贵州省适应传统计划经济体制的要求，逐步建立形成了以社会保险、社会福利、社会救济、社会优抚为主要内容的社会保障体系。随着社会主义现代化建设的发展和市场经济体制的推进，它在资金筹集、覆盖范围、组织管理、运行机制等方面的弱点和问题也日益暴露出来，社会保障制度开始进行改革。

改革开放后，社会保障事业逐步恢复正常，初步形成了以高就业为基础的城镇社会保障制度，在农村形成了以国家救济和集体办福利事业为主的农村社会保障制度。1984 年 11 月，《中共中央关于经济体制改革的决定》发布后，社会保障制度的改革以养老保险基金统筹的社会化和待业保险制度的建立为始点，坚持社会化管理与单位管理相结合，把社会化管理作为改革的方向。20 世纪 90 年代以来，贵州继续完善养老保险、失业保险、社会救济、社会优抚制度，启动医疗体制改革等新的改革项目，大力发展农村社会保障事业，探索社会保障项目的补充形式，社会保障事业快速发展，基本建立起与贵州省经济社会发展相适应的社会保障体系。

2006—2015 年，省委、省政府坚持"广覆盖、保基本、多层次、可持续"的指导方针，以社会保险、社会救助、社会福利为基础，以基本养老保险、基本医疗保险、最低生活保障等为骨架，以慈善事业、商业保险为补充的新型社会保障体系已经建立，社会福利和社会救助体系进一步健全。企业职工基本养老保险实现省级统筹，全省 21 个县纳入国家新型农村社会养老保险试点，启动实施城镇居民基本医疗保险，将大学生纳入城镇居民基本医疗保障，新型农村合作医疗制度全面建立。

（三）当前的贵州社会保障

当前，贵州加快完善社会保险、社会救助、社会福利、慈善事业相衔接的覆盖城乡居民的社会保障体系，切实提高社会保障水平。

1. 构建全面公平的社会保险体系

完善城镇职工基本养老保险制度，加快发展企业年金和职业年金，构建多层次养老保险体系。2018 年城镇职工基本养老保险人数达 640 万人，城乡居民基本养老保险人数达到 1803 万人。加快完善医疗救助保障体系，全面实施城乡居民大病保险制度，推进居民基本医疗保险制度城乡统筹，2018 年基本医疗保险参保人数达 1040.47 万人。积极推进跨省异地就医即时结算，推进生育与医疗保险合并实施。完善失业和工伤保险制度，稳步提高覆盖范围，2018 年参保人数分别达到 257 万人、356 万人。

2. 建立多元化的社会救助体系

全面实施"两线合一、减量提标"，合理提高农村低保标准，适度提高城市低保标准。建立城乡统筹的特困人员供养制度，大幅提高特困人员供养标准。完善医疗救助制度，有效帮助困难群众减轻医疗费用负担。落实临时救助制度，充分发挥临时救助兜底作用。着力健全完善"救急难"工作机制，有效帮助急难家庭摆脱困境。完善特殊困难群众的救助与法律援助制度。

3.提高社会福利水平

加快养老基础设施建设，完善城乡养老公共服务设施，鼓励和动员社会力量兴办养老等社会福利机构。大力扶持培育慈善公益组织，推进社会慈善事业的全面发展。全面建立适度普惠型儿童福利制度，全面推进留守和困境儿童、留守老人、留守妇女关爱救助保护。完善优抚安置服务体系，全面落实优抚对象各项优待政策。努力拓展残疾人社会福利覆盖范围，建立健全困难残疾人生活补贴和重度残疾人护理补贴制度。增强火化区域殡葬服务保障能力，积极推行惠民殡葬政策。组建退役军人事务局，维护军人军属合法权益。

二、贵州社会治理事业

社会治理是政府、社会组织、企事业单位、社区以及个人等多种主体通过平等的合作、对话、协商、沟通等方式，依法对社会事务、社会组织和社会生活进行引导和规范，最终实现公共利益最大化的过程。

（一）历史上的贵州社会治理

传统社会治理主要是指统治者的"治"国"理"政。自秦朝设郡县起，贵州境内逐渐推行郡县制，在县以下建立乡亭等社会管理和控制系统。元代起，贵州实行府州县与土司并存。明清时期的"改土归流"是郡县制的延伸。贵州传统治理采取了事实上的"外儒内法"模式。儒家强调礼治，突出了伦理和道德原则在治理中的优先性。法家主张"法"是治理的核心，倡导法治。贵州传统治理形成了自上而下的以"皇权"为中心的中央集权专制体制和自下而上的以宗族为中心的自治民主体制的双轨架构。

民国时期，中央对地方的控制逐渐渗透到县以下的行政地区。因土司制度仍有相当势力，贵州实行保甲与亭目并治。直到1935年，南京国民政府改组贵州省政府，贵州土司的亭目机构才开始崩溃。

（二）当代贵州社会治理

解放后，贵州采取计划管理或政社合一的社会治理体制。人民公社、单位制、街居制和户籍管理构成该体制的核心。农村通过生产合作社组织农民；城市通过单位制将从业人员组织起来，通过街居制管理社会闲散人员和救济、优抚对象。户籍制度使人口流动得以严格控制和引导。计划管理模式极大增强了政府对社会的组织和控制能力，保持了高度统一的社会秩序，但也使社会缺乏流动性、活力和自我调节机制。

改革开放后，贵州社会治理逐步从计划管理调整为社会管理。建立社会管理工作领导体系，构建社会管理组织网络，制定社会管理基本法律法规，初步形成了党委领导、政府负责、社会协同、公众参与的社会管理格局。

（三）十八届三中全会以来的贵州社会治理

2013年，党的十八届三中全会将"创新社会治理体制"作为推进"国家治理体系和治理能力现代化"的重要组成，"社会管理"发展为"社会治理"。贵州不断改进社会治理方式、创新社会治理体制，继续坚持政府主导、注重发挥社会组织作用、增强市场主体社会责任，朝着善治方向迈进。

组织动员各方面群众积极参与社会治理，实施多层次社会治理，创新群众工作体制机制，做到共建共治共享，提高治理社会化水平。发展完善党委领导、政府主导、社会协同、公众参与、法治保障的社会治理体制，推进社会治理精细化。2014年6月起，全省全面实施"六项工程"：有严重不良行为未成年人专门教育"育新工程"、留守儿童困境儿童救助保护"雨露工程"、社区戒毒社区康复"阳光工程"、刑释解戒人员安置帮教"回归工程"、肇事肇祸等严重精神障碍患者救治救助和服务管理"安宁工程"、艾滋病防治"红丝带工程"，形成政府、市场、社会"三方"共治的社会治理新格局。广泛动员和组织群众依法参与社会治理，推进社会工作者队伍职业化，改革社会组织管理制度，加快多元化社会组织培育建设，推动社会组织承接政府转移职能。瓮安县支持社会组织、社会工作专业人才、志愿者参加社区建设，建立健全城乡社区多元共治体系。2018年，黔南荔波县298个社会组织参与脱贫攻坚、困难救助、慈善关爱、养老服务、儿童关照、行业互助、居民自治等社区治理工作。

充分发挥人民团体、基层自治组织、社会组织、企事业单位和社会力量的作用，综合应用经济、法律、行政等治理手段，推进社会治理规范化、专业化、科学化和法制化。完善公共决策社会公示制度，拓宽社情民意渠道，保障人民群众的知情权、参与权、监督权；健全完善社会稳定风险评估和群体性事件快速响应处置工作机制。领导干部逐渐运用法治方式处理社会问题、化解社会矛盾、维护群众利益，提高治理法治化水平。黔东南少数民族地区自治州、自治县针对社会治理制度法治化制定了相应的考核指标体系。荔波县委政府创新提出"421"社会治理体系建设，推进景区精治、社区共治、村组自治、社会辅治4项治理，搭建司法信访职能整合服务平台和政法综治大数据管理服务平台2个载体，全力服务于全域旅游，推进多层次多领域依法治理，坚持系统治理、依法治理、综合治理、源头治理，提高社会治理法治化水平。

利用大数据和信息化等现代科技手段提高管理和服务的精确性和便利性，提高治理智能化水平。贵州省坚持把发展大数据作为提升社会化治理大引擎，坚持大平安与大发展统筹推进，构建立体化社会风险防控体系，创新政法工作模式。铜仁市2016年开始打造"平安警务云"平台，2019年5月已建成数据存储容量达到31.4PB、运算能力突破600万亿次每秒、查询响应时间毫秒级的数据中心，全面打通电子政务外网到公安网、互联网到公安网、视频网到公安网，将政法各部门数据资源、政府部门数据资源、社会事业数据、互联网数据全部汇聚，真正实现了数据"聚通用"。六盘水市先后引进建成钟山区北斗大数据中心、钟山区智慧旅游应用服务平台等大数据产业项目，全力推进公安、城管、安监等信息平台资源整合，推动数据融通，打破部门内部地域上的隔离。

加强社会治理各类专业化人才队伍建设，建设高素质专业化人才队伍，提高治理专业化水平。近年来，贵州高度重视社会工作人才队伍建设。2018年，全省各领域社会工作专业人才已达3.8万人，成立民办社会工作服务机构80余家，社会工作服务覆盖了老年人、青少年、社会救助、扶贫济困、残障康复、禁毒帮教、社区矫正等多个领域，在保障改善民生、创新社会治理、提供社会服务、加强社会建设中发挥了重要作用，在脱贫攻坚、乡村振兴等重大战略部署中也发挥了积极作用。2018年，贵州通过实施"三区计划""牵手计划""社工黔行"等30余个项目，在22个贫困县市服务困难群众4.1万人。

深入实施公共安全保障工程。牢固树立安全发展理念，不断推进公共安全系统化、常态化、法治化和社会化。全面提高安全生产水平，理顺和明确安全生产监管职责，健全"统一协调、权责明晰"的安全生产监管机制；严格企业主体责任落实，推进安全标准化建设，健全安全生产应急体系。建立自然资源环境调查评估和监测预警机制、完善应急响应体系、防灾减灾抗灾工作长效机制，健全灾害应急指挥调度平台，落实灾害防治部门责任制。广泛开展宣传教育，提高公众的防灾抗灾避灾意识和自救、互救技能，形成省市县三级灾害应急救助体系，提升应对自然灾害综合防治能力。深入推进社会治安综合治理，健全落实领导责任制，加快推进"天网工程"建设，完善立体化社会治安防控体系和"严打整治"长效工作机制，完善突发公共事件应急联动指挥机制和网格化布警机制，推进城市报警与监控系统建设并向农村延伸。

第三节　卫生和健康事业

卫生健康事业是指增减人民健康所采取的组织体系，系统活动和社会措施的总和。这些组织和活动以追求社会效益为目的，由政府领导并提供必要的经费补助。贵州解放前卫生健康事业十分落后，解放后才开始健康发展。

一、历史上的贵州卫生健康

明代贵州已有管理中医教育的机构。清康熙六年（1667），在贵阳城东南隅建立的药王庙成为当时药商聚会和群众拜祭药王的处所。同治元年（1862），黄平旧州设有中医药店"道生堂"。光绪十四年（1888），贵阳同济堂药店开业。

19 世纪末 20 世纪初，西医西药逐步传入贵州。1909 年柯木林夫妇（美籍）在铜仁下南门创办福音医院；1918 年法国天主堂在贵阳灵光路设立若瑟医院，设置病床 50 张。1919 年 8 月省立医院在贵阳黔明路两广会馆成立。随后，一些公、私立医科学校和医院相继建立，1927 年贵州大学附设医学专科学校；1938 年成立国立贵阳医学院；1939 年湘雅医学院由长沙迁入贵阳；1942 年国立贵阳医学院附属医院成立；1943 年贵州省临时防疫医院成立；1947 年省立贵阳高级医事职业学校附属医院成立。

贵州经济发展缓慢，严重制约卫生事业的发展。1949 年，全省仅有医院 71 个、诊疗所 336 个、床位 737 张；专业医疗卫生人员 1191 人，其中医生 426 人、药剂师 91 人、护士 224 人、助产士 112 人。医疗设备简陋，各种传染病、寄生虫病、地方病流行，发病率、死亡率，尤其是婴儿、孕产妇死亡率较高。全省城乡缺医少药的现象十分严重，全省人口平均寿命只有 35 岁。

二、当代贵州卫生健康

贵州解放后，全省医疗卫生工作贯彻"面向工农兵、预防为主、团结中西医、卫生工作与群众运动相结合"的方针，兴办各级各类医疗卫生机构，组织卫生专业队伍，认真落实国家和贵州省深化医药卫生体制改革政策措施，加快推进城乡基层医疗卫生服务体系建设，认真筹备公立医院改革试点，逐渐建立起一个包括医疗、预防保健、医学教育和科研、药品检验等比较健全的医疗卫生服务体系。在城市推行职工公费医疗制度，在农村建立医疗保健网，组织防疫队、民族卫生工作队，广泛开展合作医疗，对严重危害人民身体健康的疟疾、丝虫病、天花、霍乱等传染病和地方病进行了长期的、科学的防治，并发动群众广泛开展了以除害灭病为中心的爱国卫生运动，使全省各种传染病发病率得到了有效控制。

改革开放后，贵州积极推进新型农村合作医疗制，农村卫生总体水平得到进一步提高，逐步建立健全了县、乡、村三级医疗预防保健卫生网。2003年开始试点贵州省新型农村合作医疗制度，到2007年全省全部实行新型农村合作医疗制度，并建立起适合全省农村实际的新农合管理运行机制。爱国卫生工作取得新成就，持续不断地开展了以防病灭害、"两管五改"、健康教育、治理"脏乱差"、创建卫生城市、创建卫生县城（乡镇）、创建卫生先进单位、农村改水、农村改厕、农村推广沼气和"亿万农民健康促进行动"等各项爱国卫生工作。中医中药事业稳步发展，坚持中西医并重的方针，建立了城乡中医网络，依托贵州中药材资源优势和民族医药特色，以企业为主体，以市场为导向，提高中药现代化产业规模效益和可持续发展的能力。

2006—2015年，全省城乡公共卫生投入大幅度增长，医疗卫生机构设施条件明显改善，服务能力明显增强，服务质量明显提高。医改红利持续释放，全面推开县级公立医院和试点城市公立医院综合改革，全面实施大病保险和新一轮药品集中采购。基础设施显著改善，医疗卫生基础条件主要指标大幅提升，成功申报全国首批远程医疗政策试点省，搭建起全国首个省级医疗卫生平台和全省首个行业云平台。公共卫生成效明显，法定传染病报告传染率降至历史最低水平，孕产妇、5岁以下儿童和婴儿死亡率已接近或低于全国平均水平，卫生监督执法水平跃居全国前列，食品安全风险监测实现全覆盖，创建18个国家卫生城市（县城）。医疗服务能力大幅提升，深入推进住院医师规范化培训和全科医生、农村定向医生培养，推动构建院校毕业后和继续教育有机衔接的医学人才培养体系，强化医疗服务质量和安全管理，群众满意度不断提升。卫生计生工作融合、创新发展，建成全国第一个省级医疗卫生云平台和贵州"医疗健康云"并率先上线，妇幼保健和计生技术服务资源整合力度和建设居全国前列。

三、当前的贵州卫生健康

当前是"健康贵州"建设的关键阶段，也是贵州卫生健康事业加快发展的重大战略机遇期。2017年，省委印发《贵州省"十三五"规划》《贵州省"十三五"卫生计生事业发展规划》

《贵州省大健康医药产业"十三五"发展规划》，把保障人民健康作为卫生计生事业发展的根本出发点、落脚点，着力解决城市"看病挤、住院难"和农村"看病远、看病贵、看病难"等事关民生的重要问题，强化医疗、医保、医药"三医"联动，推进体制机制创新，加快推进健康贵州建设，以全民健康助推全面小康。

强化医疗服务基础设施建设，完善医疗服务网络，全面提升医疗卫生服务能力和水平，为群众提供安全有效方便价廉的公共卫生和基本医疗服务。2017年，贵州在全国率先建成上接国家优质医疗资源覆盖省、市、县、乡的五级远程医疗体系，全面建成省、市、县三级医药监管平台，率先全面建成乡镇卫生院规范化数字预防接种门诊，全面建成全民健康信息基础平台。完善突发公共卫生事件应急和重大疾病防控机制。实施妇幼健康服务体系规范化建设工程，提高生殖健康、妇幼保健、托幼等公共服务水平。积极创建国家卫生城市（县城）和国家卫生乡镇。大力培养和引进医疗卫生人才，着力解决基层医疗卫生人才缺乏问题。以推动分级诊疗和卫生信息化为手段，实施远程医疗全覆盖，推动优质医疗资源向基层农村流动。到2018年，贵州已在全国率先建成"一网一平台"全面覆盖省、市、县、乡四级公立医疗机构的远程医疗服务体系。2018年，贵州大力实施卫生健康"1133工程"，开展远程医疗会诊服务23.6万例。积极发展中医药事业，加强国家中医重点专科和国家中医临床研究基地建设，大力实施"治未病"健康工程。截至2018年，全省每千常住人口实有床位6.5张，每千常住人口执业（助理）医师2.1人，每千常住人口注册护士2.7人，每万常住人口全科医生1.5人。社会办医院达到996家，社会办医院床位数占总床位数比重由2013年的23.2%提升至29.4%。

深化医药卫生体制改革。以医疗、医保、医药联动为主线，协同推进公立医院、统筹城乡医保、药品供应保障体制改革，强化政府办医主体责任，改革公立医院补偿机制、医疗服务价格、管理体制、人事薪酬制度。在确保基本医疗公平普惠的同时，打通新农合、大病医保、医疗救助"一站式""一卡通"服务渠道。推进覆盖城乡的国家基本药物制度规范实施，促进基本药物合理使用。严格规范药品集中采购行为，建立以市场为主导的药品价格形成机制，强化价格、医保、招标采购等政策的衔接和监管，探索县乡村一体化药品配送模式，实施药品电子监管，满足群众用药需求。鼓励社会力量兴办医疗机构，全面放开社会办医准入条件，加大社会办医政策支持力度，建成一批规模化、高水平的健康服务机构。

强化食品药品安全保障。落实食品安全战略，努力构建一体化、广覆盖、专业化、高效率、全社会共同监督治理的食品药品监管体系。着力加强食品药品行政监管体系建设，将食品药品安全纳入各级政府考核评价体系；加强各级食品药品检验机构建设，积极发展第三方检测机构，强化技术支撑，提升食品药品检验检测能力；大力推进食品药品安全监管信息化建设，推动省内食品药品安全监管实时化和信息化；建立食品药品安全突发事件和重大事故应急反应联动网络平台，提升应急处置水平；积极构建全省食品、药品、医疗器械（化妆品）不良反应（事件）监测、预警、评价和服务体系；加快食品药品生产经营行业诚信体系建设，营造食品药品安全诚信环境。

第四节　文化和体育事业

一、文化事业

文化是在社会中得以传播开来并且获得一定认同的精神内容的总和，包括宗教信仰、思想意识、道德风尚、科学教育、文学艺术、流行时尚等，是一个社会在精神领域中的历史积淀物和地域标志物，内容非常丰富。文化事业是指非营利性的，从事文化研究创作、文化产品生产和文化公共服务的文化活动。本节所述的文化事业，主要包括文学艺术、新闻出版、广播电视等。

（一）历史上的贵州文化

贵州在历史长河的发展过程中，形成了多元并存、共同发展的特色文化。

1. 贵州建省前的文化

旧石器时代，贵州出土的石器、骨器等已体现了原始造型艺术。战国时期，夜郎地区形成包括青铜、陶瓷在内的独特的"夜郎文化"。西汉初期，出现了西汉《尔雅注》的作者舍人、辞赋家盛览、东汉教育家尹珍等历史文化名人。东汉时期歌舞盛行。隋唐时期，儒家文化流传，佛教文化传入今贵州。宋元以后，汉族人口向贵州流入渐多，除官吏、商贾外，还有大量的屯兵和平民，灯、傩文化也随之进入贵州。明初，朱元璋"调北征南"后，元宵唱灯、跳灯、说书、唱书等娱乐形式以及地戏、花灯舞、傩舞等逐渐扎根贵州，形成"屯堡文化"。明代王阳明被贬到贵州以后，悟出"知行合一"和"致良知"的学术思想，形成"阳明文化"现象。

2. 清代的贵州文化

傅玉书著《鸳鸯镜》首开黔地贵州戏剧创作之先河；选编《黔风旧闻录》《黔风名胜录》，

集贵州诗歌大成；编撰全国第一部私家方志《桑梓述闻》。继而以郑珍、莫友芝、黎庶昌为代表的"沙滩文化"，"独领中国西南文化之风骚"，为贵州和中国留下了丰富的思想、道德、文化艺术遗产。清初、咸丰至光绪年间，诗歌在贵州出现两次创作高潮。戏剧、书画、摩崖石刻、建筑艺术等，独具风格。天主教、基督教先后传入。1907年周素园创办省内第一张日报《黔报》，1909年张百麟等人主办《西南日报》，1909年遵义建立官书局，贵阳成立民营文通书局，兼营出版、印刷、发行。

3. 民国时期的贵州文化

清末民初，维新思想传入贵州。辛亥革命爆发后，新文化思想在贵州迅速传播。1913年贵阳绅士张春山等筹建戏园"黔舞台"，并从南京请京班来演出，京剧由此传入贵州。川剧艺人魏香庭、熊昆珊等在贵州创办"川曲班"。20世纪20年代，创办省立图书馆及贵阳、遵义、安顺等私立图书馆，同时贵阳出现露天放映电影，1932年开办第一家私人电影院。20世纪30年代，6支中国工农红军先后在贵州活动，足迹遍及全省67个县，形成"长征文化"。抗战时期，相声、北方评书、河南坠子等相继流入贵州，大量宣传抗日救亡的进步戏剧和音乐作品在贵州上演。一些外省的报纸先后迁到贵阳出版，贵阳各类报刊达10余种。中国共产党贵州地下组织编印的《真实》《烽火》《民先队报》等秘密报刊也在民众中秘密传播。

解放前，由于受经济基础薄弱的制约和影响，全省各项文化事业发展缓慢，设施简陋，在全国处于相对落后的地位。

（二）当代贵州文化

贵州解放后，贵州各级人民政府开始有重点、有步骤地进行文化事业的全面建设。1949年11月28日省委机关报《新黔日报》正式出版发行。1950年1月1日贵阳人民广播电台成立并正式播音，6月改为贵州人民广播电台。1951年2月贵州人民出版社成立。1953年6月1日召开贵州省第一次文学艺术工作者代表大会，贵州省文学艺术工作者联合会正式成立，创办了《新黔文艺》《贵州画报》和《创作新歌》等期刊，并组织文艺工作者深入厂矿、农村体验生活，创作出一批反映新中国、新生活及新人新事的优秀作品。政府通过"改制、改戏、改人"，以国家扶持、民办公助的方式，把旧戏班改变为新型剧团，新建了大批文化馆、文化站、图书馆、阅览室等文化设施，组织发动广大文化艺术工作者上山下乡，对民族民间文化艺术遗产进行发掘、抢救、整理，组织业余文艺调演。全省各类艺术表演团体创作、演出了大量群众喜闻乐见的剧目，其中黔剧《秦娘美》《奢香夫人》，花灯剧《七妹与蛇郎》，舞剧《蔓萝花》等，在省内外引起较大反响。"文化大革命"中，全省文化事业受到严重破坏，除照搬照演或移植革命样板戏以外，其他各项文化事业基本上处于停顿和瘫痪状态。

改革开放后，贵州文化事业建设走上了健康发展的轨道。1979年召开贵州省第三次文学艺术工作者代表大会，恢复省文联的活动。相继建立作家、美术、戏剧、音乐及舞蹈、书法、杂技、曲艺、电影、电视、摄影、民间文艺12个文艺家协会和文艺理论研究室、城市雕塑工作室、贵州文学院等机构。《山花》《南风》《苗岭之声》等刊物发表了大量优秀作品，涌现了一批优秀的作家、艺术家。新闻出版、广播电影电视、文物博物等事业都取得了辉煌成就。

2006—2015年，贵州文化事业建设取得重大成就。公共文化服务能力明显增强，基本实现县县有图书馆和文化馆、乡乡有综合文化站，覆盖城乡的公共文化服务体系初步建立，遵义市成功创建为国家公共文化服务体系示范区，博物馆、纪念馆全部免费向社会开放。舞台艺术精品打造亮点频出，大型花灯剧《月照枫林渡》（《枫染秋渡》）获第二届全国戏剧文化奖"原创剧目大奖"和第十届中国艺术节文华剧目奖、优秀表演奖；歌舞剧《仰欧桑》获中宣部"五个一"工程奖；大型民族歌舞《天蝉地傩》入围"第九届中国艺术节"，荣获

大型民族歌舞诗——《多彩贵州风》

"文华优秀剧目奖"、导演奖、优秀表演奖、舞台美术奖和音乐创作奖；"贵州侗族大歌"
被列入《人类非物质文化遗产代表作名录》。文化遗产尤其是民族文化遗产保护利用取得新
突破，海龙屯土司遗址申遗成功，实现了我省世界文化遗产零的突破。倾力打造大型民族歌
舞诗《多彩贵州风》，将多彩贵州印象网打造成集旅游文化新闻、信息、娱乐、服务为一体
的旅游文化服务综合网站，获得"多彩贵州"系列商标注册证，形成覆盖茶叶、工艺美术品、
酒、书画、演艺剧目、博览会、金融衍生品等多行业的"多彩贵州"文化品牌。文化产业加
快发展，多彩贵州风艺术团被评为"国家文化出口重点企业"，贵阳连续多年举办"亚洲青
年动漫大赛"。文化体制改革取得重大进展，取消、下放了一批文化审批事项，规范审批程
序、放宽市场准入，为文化市场发展营造了良好环境。

（三）当前的贵州文化

当前，贵州坚持社会主义先进文化前进方向，传承发展民族文化，倡导"天人合一、知
行合一"的人文精神，坚定文化自信，增强文化自觉，加快文化改革发展，建设多彩贵州民
族特色文化强省。

1. 文化产业培育成为贵州省国民经济支柱性产业

依托民族特色文化资源，围绕历史文化、红色文化、民族文化、山地文化、阳明文化、"三线"
文化的保护和利用，调整产业布局、培育产业重点、优化产业组织、完善产业政策、创新体
制机制，以文化创意和设计服务为核心，实现与相关产业融合发展。2018 年，贵州制定《贵
州省红色旅游发展实施方案》，打造以"遵义会议""四渡赤水"为代表的黔北红色文化区，
以"黎平会议""木黄会师"为代表的黔东长征文化区，以"息烽集中营""王若飞故居"
为代表的黔中红色革命旅游区和以"鸡鸣三声""盘县会议"为代表的黔西红色文化区，争
取到 2020 年，贵州红色旅游接待人数达到 7300 万人次，红色旅游综合收入达 620 亿元。同
时，大力发展民族演艺、音乐、工艺、节庆、出版、广播影视、会展等特色文化产业，壮大
提升文化艺术、广播影视、新闻出版、休闲娱乐等传统文化产业，培育扶持数字出版印刷、
绿色印刷、互联网新媒体、三网融合、文化创意、动漫游戏等新兴文化产业，促进文化产业
成为全省国民经济支柱性产业。

2. 文化助推脱贫工程实现新突破

以大文化助推大扶贫大数据战略行动，实施文化建设"十大工程"，打造"十大品牌"。
贵州围绕"文化＋大扶贫"，扩大文化产业扶贫"千村计划"试点县范围，共安排资金

2625万元、支持项目48个，实现全省14个深度贫困县、20个极贫乡镇所在县全覆盖。2018年，建成100个文化产业扶贫"千村计划"示范基地，正安·国际吉他产业园等一批贫困地区重点稳产项目加快推进。推动传统工艺开发、红色文化遗迹、传统村落整体性保护、生态博物馆建设与旅游业的有机结合，建设一批红色文化旅游景区、传统村落民俗文化旅游景区、生态文化旅游景区，推出一批特色文化产品，助推贫困群众脱贫致富。

3. 文化基础建设实现新突破

普遍建立村级综合性文化服务中心，贫困地区县县有流动文化车，每25万人拥有一个博物馆。省、市（州）、县（市、区）、乡（镇、街道、社区）、村（社区）五级公共文化服务基础设施覆盖率达100%，人均拥有公共图书馆（含分馆）藏量达1.5册左右，全省文化信息资源共享工程资源量争取达到150TB以上，全省国家综合档案馆馆藏档案达1000万卷以上。

4. 文化服务提质增效

促进公共文化服务提供主体和提供方式多元化，增强公共文化产品供给能力。实现文化育民、励民、惠民、富民，推出更多彰显社会主义核心价值观、讲好贵州故事的文艺精品。2018年，贵州青年作家肖江虹的中篇小说《傩面》获得鲁迅文学家，实现了贵州历史上零的突破。紧紧围绕"相约2020"、改革开放40周年、全面建成小康社会等集中力量创造人民喜闻乐见的精品，仅2018年，《花开有声》等30余篇文学作品在国家级重点刊物发表。推动文化科技卫生"三下乡""送欢乐下基层""四进社区"等活动制度化，基本建成覆盖城乡、便捷高效、保基本、促公平的现代公共文化服务体。2018年，组织开展主体性文化汇演和群众性文化活动3000余场，公益电影放映18万余场。

5. 多彩贵州民族特色文化强省建设取得重要进展

大力推进文化与大数据、大生态、大旅游的深度融合，在融合中创新，让贵州文化更好承载社会主义核心价值观，具有强有力的引领功能，更好表现"天人合一、知行合一"的贵州人文精神，增强其对当代人的凝聚力，更好彰显贵州文化"多"与"和"的特色，将其打造成为有民族"情"、红色"心"、传统"根"、绿色"衣"的多彩和谐品牌体系。在文学、美术、影视、音乐、歌舞等方面推出一批精品力作、传世佳作，切实让多彩贵州风行天下。

二、体育事业

体育事业是指在社会生活中，以一定的目标、组织、系统活动为基本框架，在国家相应部门领导下，由国家财政支持生产或创建具有公益性、福利性公共产品（物质产品或精神产品）的组织单位的集合。

（一）历史上的贵州体育

贵州体育起源较早。明清贵州的府志、县志中有贵州各民族群众进行龙舟竞渡、赛马、斗牛、登山、射弩、抢花炮等民族民间体育活动的记载。20世纪初现代体育传入贵州。1904年贵州高等学堂始设"体操课"后，各中小学校均设置体育课并配备体育教师。20世纪30年代中期，现代体育活动已从学校向社会扩展。抗日战争爆发后，贵阳建立了国魂体育会、合群体育会、华南体育会等社会体育团体，经常举办星期篮球赛、田径、自行车、游泳等项目的比赛。1927—1947年，贵州举办了6次全省运动会。1935年10月，贵州省第一次组队参加全国第六届运动会。贵州运动员在民国时期全国运动会上取得的唯一名次，是1948年第七届运动会上的女子60米跑第六名。20世纪40年代中后期，贵阳市在六广门修建了体育场、馆。总体上，贵州解放前全省体育基础薄弱、设施简陋、范围偏小、水平不高、发展缓慢。

（二）当代贵州体育

贵州解放后，在国家大力倡导和人民政府重视下，贵州体育成为社会主义建设中的一项崭新事业得到较快发展。1952年10月中华全国体育总会贵州分会在贵阳成立。1954年11月贵州省体育运动委员会成立。1964年，各地、州、市、县体育运动委员会成立。1978年后，全省地、县两级体育运动委员会逐渐恢复建立。1952年7月1日，贵州人民广播电台开始按时播放广播体操节目，全省普遍开展了广播体操活动。60年代全省大规模地开展了群众性游泳、射击、军事野营等体育活动。1954年体操女运动员陈孝彰成为贵州首位全国冠军；1963年乒乓球男运动员王家声成为贵州首位世界冠军。

改革开放后，群众体育不断发展壮大，呈现出社会办体育、体育社会化的趋势。1995年贵州实施全民健身计划，广泛开展形式多样、丰富多彩的群众性体育健身、娱乐、宣传活动。竞技体育发展迅速，坚持"适度发展、突出重点、强化优势、提高效益"的方针，重点发展"精、小、巧"优势特色项目。1981年射击男运动员李克胜成为贵州首位亚洲冠军；1986年射击男运动员张卫刚成为贵州首位亚洲运动会冠军，1988年成为贵州首位参加奥运会的运动员。少数民族传统体育得到发展，体育设施明显改善。

2006—2015年，贵州大力开展全民健身运动，举办各种体育赛事，体育事业取得较大发展。群众体育蓬勃发展，2007 年参加第八届全国少数民族传统体育运动会 10 个竞赛项目的比赛和 20 个表演项目的表演，取得 14 枚金牌、4 枚银牌、1 枚铜牌的好成绩，金牌总数列全国第一，创造了贵州参加民运会的历史最好成绩。竞技体育成绩优异，2008 年邹市明在第 29 届奥运会 48 公斤级拳击比赛中夺得金牌，为贵州赢得了第一枚奥运会金牌，2009 年贵州在第十一届全国运动会取得 4 金 7 银 4 铜和 15 个 4 到 8 名的成绩，综合金牌榜位居第 23 位，荣获"体育道德风尚奖"，是改革开放以来贵州省参加全国运动会的历史最好成绩。贵州智诚俱乐部于 2011 年、2013 年、2015 年顺利进入中国足球协会甲级联赛，2017 年进入中国足球协会超级联赛，打响贵州职业足球的名片。2013 年，贵州人和俱乐部首夺中国足协杯冠军，这是贵州体育历史上第一个职业体育全国冠军。结合贵州丰富的山水资源、民族文化资源和气候优势和人文景观，大力开展以山地户外运动为龙头的体育产业，形成各具特色的品牌赛事。如多彩贵州龙舟系列活动、台江独木龙舟节、清镇全国越野跑锦标赛、晴隆"24 道拐"汽车爬坡赛、清镇全国航空航天模型锦标赛、铜仁市梵净山山地越野挑战赛、遵义市娄山关越野挑战赛、下司激流回旋国际公开赛、兴义首届中国万峰湖野钓大赛等。

2019 年贵阳国际马拉松赛

（三）当前的贵州体育

当前是贵州体育事业加速发展、深化改革的关键阶段。按照"精心书写多彩贵州体育事业新篇章"和"以山地运动、民族体育为特色"的要求，充分发挥体育在建设健康贵州、推动全省守底线、走新路、奔小康等方面的独特作用，认真念好"三字经"，做实全民健身的"里子"，撑起竞技体育的"面子"，盛满体育产业的"盆子"，充分发挥康体运动在"健康贵州"建设中的重要作用，发挥生态体育优势，推进贵州山地民族特色体育大省强省创新、协调、绿色、开放、共享发展，走出一条有别于东部、不同于西部其他省份的体育事业发展新路。

深入推进全民健身国家战略，群众体育发展达到新水平。有效实施《贵州省全民健身计划（2016—2020 年）》，全民健身公共服务体系日趋完善，人民群众健身意识普遍增强，身体素质逐步提高。经常参加体育锻炼的人数达到 2100 万，占全省常住人口比例的 34% 以上，人均体育场地面积达到 1.5 平方米以上。实现县县有 1 个综合性公共体育场馆，乡乡有 1 个灯光篮球场，村村（社区）有公共健身场所的目标。

竞技体育发展方式有效转变，综合实力和竞争力进一步增强。项目结构不断优化，发展质量和效益显著提高。2016 年，体操运动员邓书弟、皮划艇静水队运动员李悦参加里约奥运会，邓书弟获得金牌，这是贵州体操队建队 58 年来获得的第一枚奥运奖牌，同年，贵州男子体操队在全国体操锦标赛团体比赛项目实现了全国锦标赛三连冠。2017 年，贵州代表团在第十三届全运会上以 6 金 5 银 7 铜的成绩创下了贵州参加全运会的历史最好成绩。2018 年雅加达第十八届亚运会上，贵州运动员表现优异，在体操、皮划艇、赛艇、田径、龙舟五个项目的比赛中勇夺 7 金 2 银 1 铜。

体育产业规模和质量不断提升，体育消费水平明显提高。重点建立一批富有特色的山地户外体育旅游休闲示范基地，精心打造一系列拥有独特性、民族性的山地户外精品赛事。到 2020 年，全省体育及相关产业增加值达到 75 亿，体育产业总规模超过 450 亿。黔西南州已形成以双乳峰、三岔河、马岭河、万峰林、史迪威·晴隆二十四道拐等为代表的经典体育旅游精品线路，实现了城乡协调发展、产业和扶贫协同推进的新格局。

体育文化的影响进一步扩大，在培养社会主义核心价值观中的作用更加突出。培养运动项目文化，力争打造一批高质量的体育文化精品工程，办好一批社会效益显著的体育文化品牌活动，把丰富多彩的体育文化理念融入到体育事业发展的各个环节，为精神文明建设增添力量。到 2020 年协同建设少数民族体育基地 45 个，挖掘整理一批贵州体育人物，多个贵州体育好故事。

🕵 微人物：时代楷模——南仁东

　　南仁东1945年出生于吉林辽源。1963年考入清华大学无线电系，后获得中国科学院研究生院硕、博士学位。1993年，在日本国际无线电科学联盟大会上，科学家们提出在全球电波环境继续恶化之前建造新一代射电望远镜，接收更多来自外太空的信息。南仁东建议也要建一个。1994年起，他一直负责FAST的选址、预研究、立项、可行性研究及初步设计。作为项目首席科学家、总工程师，负责编订FAST科学目标，全面指导FAST工程建设，并主持攻克了索疲劳、动光缆等一系列技术难题。2016年9月25日，其主持的FAST落成启用。2017年9月15日，南仁东因肺癌突然恶化，抢救无效逝世。2018年10月15日，中科院国家天文台宣布，经国际天文学联合会小天体命名委员会批准，国家天文台于1998年9月25日发现的国际永久编号为"79694"的小行星被正式命名为"南仁东星"。2018年12月18日，党中央、国务院授予南仁东同志改革先锋称号，颁授改革先锋奖章，并获评"中国天眼"的主要发起者和奠基人。

✍ 微故事：余庆经验

　　2017年3月15日，余庆县人民医院接到一名疑似感染H7N9病毒的患者。当天，余庆县人民医院联通遵义医学院（后为遵义医科大学），通过"医共体"系统进行远程医疗会诊，遵义市首例H7N9病毒感染者得到确诊，该患者被转至遵义医学院附属医院，得到及时救治。

　　余庆县人民医院是公立医院改革的先行者，"余庆经验"逐渐在全国推广。2010年6月，该院被作为贵州首家县级公立医院综合改革试点医院，在全省"探索并试行药品零加成销售"，2012年又在全省率先实施了临床路径管理，2016年该院医改工作得到当时的国家卫计委和国务院医改办的充分肯定和认可，指出余庆县的公立医院改革水平已经迈入全国先进行列，"余庆模式"可向全国推广。

第七章　不断发展的社会主义民主政治

贵州不断加强党的领导，坚定不移推进全面从严治党，坚持以人民为中心，有序推进民主建设，发展社会主义民主政治，建设民族区域自治制度，大力加强法治贵州建设。

第一节　中国共产党贵州地方组织建设

1949 年 11 月 10 日，中共中央决定，苏振华任中共贵州省委书记，徐运北任第一副书记，曾固（陈曾固）任第二副书记。11 月 15 日，省城贵阳解放。11 月 20 日省委机关进驻贵阳。12 月 3 日，中共中央批复同意，中共贵州省委由 13 名委员组成，设常务委员会，杨勇、苏振华、徐运北、曾固、赵继民为常务委员，苏振华任书记，徐运北、曾固任副书记。1950—1956 年 6 月，省委先后召开了 5 次党的代表会议，讨论各个时期的中心工作和党的建设。1956 年 6 月 20 日—30 日，中共贵州省第一次代表大会在贵阳召开，选举产生了中共贵州省第一届委员会。1956—2017 年，贵州共召开了 12 次党的代表大会。

中共贵州省委自建立以来，在中共中央领导下，不断加强党的建设，认真贯彻执行中共中央的路线、方针、政策和省党代表大会的决议，领导全省各级党的组织和各族人民为建设一个经济快速发展、社会协调进步、民族文化繁荣、生态优势突出、民主法制健全、人民幸福安康的贵州而不懈奋斗。

2010年10月，省委十届十次全会，提出高举发展、团结、奋斗的旗帜，确立加速发展、加快转型、推动跨越的主基调，坚定不移地实施工业强省和城镇化带动两大战略。2012年4月召开的中共贵州省第十一次代表大会提出，要坚持科学发展、奋力后发赶超，着力构筑"自觉自信自强、创先创新创优"的"精神高地"，努力冲出"经济洼地"，为在2020年与全国同步建成全面小康社会宏伟目标而奋斗，实现经济社会发展的历史性跨越。

2017年4月召开的贵州省第十二次代表大会提出，要牢记嘱托、不忘初心，走好新的长征路，决胜脱贫攻坚、同步全面小康，奋力开创百姓富、生态美的多彩贵州新未来。

 习近平总书记在贵州全票当选党的十九大代表 ·······························

2017年4月召开的贵州省第十二次代表大会选举产生了贵州省出席党的十九大代表。在贵州参选的中央提名的代表候选人，中共中央总书记、国家主席、中央军委主席习近平，以全票当选党的十九大代表。习近平总书记在贵州参选，这是全省广大党员的无比光荣，是对贵州各级党组织的极大信任，是对贵州各族人民的亲切关怀，是对贵州脱贫攻坚的巨大激励。习近平总书记全票当选党的十九大代表，是730多名省党代会代表的共同意愿，是全省170多万名党员的共同心声，充分体现了4000多万贵州各族干部群众对习近平总书记的衷心爱戴，体现了对以习近平同志为核心的党中央的衷心拥护，体现了我省风清气正的政治生态。

党的十八大以来，省委、省政府团结带领全省共产党员和各族人民抢抓国发2号文件出台、贵州与全国同步小康上升为国家战略等重大历史机遇，不甘垫底、奋起直追，牢牢守住发展和生态两条底线，牢记嘱托，感恩奋进，决战决胜脱贫攻坚，统筹推进"五位一体"总体布局，协调推进"四个全面"战略布局，全力推进全面建成小康社会进程。

一、政治建设

党的十九大明确提出政治建设这个重大命题，强调党的政治建设是党的根本性建设，要把党的政治建设摆在首位。政治建设对党的建设可起到导航仪、指南针的作用，并以其重要的价值功能起到政治整合和精神黏合作用，从而引导全党坚定理想信念，坚定"四个自信"[①]，

---

① 道路自信、理论自信、制度自信、文化自信。

把稳中国特色社会主义现代化航船之舵。加强党的政治领导，目的是坚定政治信仰，强化政治领导，提高政治能力，净化政治生态，实现全党团结统一、行动一致。

40年来，特别是党的十八大以来，贵州各级党组织坚持把政治建设放在首位，把政治建设作为党的根本性建设，着力净化政治生态，落实管党治党"两个责任"，深入推进全面从严治党。在中国共产党贵州省第十一次代表大会报告中指出，"全省各级党组织要把维护党中央权威和集中统一领导作为思想政治建设的重要内容"。在全国同期党代会报告中，最早提出了党的政治建设任务。40年来，中共贵州省委坚持把政治建设摆在首位，不断加强观大势、定大局、谋大事的能力，涵养出了全省政治生态的"山清水秀"。

近年来，贵州省委坚持以党的政治建设为统领，坚决维护以习近平同志为核心的党中央权威和集中统一领导，严格执行《关于新形势下党内政治生活的若干准则》，严肃党内政治生活、净化党内政治生态，不断增强党内政治生活的政治性、时代性、原则性、战斗性；仅2018年，全省共查处违反政治纪律和政治规矩案件345件380人，其中省管干部14人。

二、思想建设

省委在20世纪50年代，组织广大党员、干部和群众重点学习马克思列宁主义、毛泽东思想，通过学习，使广大党员全面认识党的指导思想并树立正确的人生观和世界观，掌握社会历史发展规律和社会主义、共产主义建设等基本理论。1965年3月，开展了学习毛泽东著作活动。

"文化大革命"期间，党的思想理论工作遭到严重破坏，思想混乱。

1979年，传达贯彻中共十一届三中全会精神，在全省实现工作重点从政治运动转移到集中精力搞社会主义现代化建设上来。全省党员认真学习贯彻《中共中央关于建国以来党的若干历史问题的决议》。经过拨乱反正，清理"左"的错误思想，广大党员、干部逐步认识到实践是检验真理的唯一标准，解放了思想，重新确立实事求是的思想路线，为正确贯彻执行中共十一届三中全会以来的路线、方针、政策奠定了思想基础。1985年以后，全省广大党员、各级干部和群众，先后学习、贯彻了中共中央关于社会主义精神文明建设的决定和反对资产阶级自由化的批示等，促进了全省社会主义精神文明建设，提高了广大党员、干部识别和批判资产阶级自由化的能力。1992年以后，重点学习邓小平视察南方时的重要谈话和中共十四大、十四届三中全会精神以及社会主义市场经济理论、邓小平建设有中国特色社会主义理论。中共十五大以后，重点学习"三个代表"重要思想、中共十五届五中全会精神和中央实施西部大开发战略的决定。1999—2000年，根据中共中央《关于在县处级以上党政领导班子、领导干部中深入开展以"讲学习、讲政治、讲正气"为主要内容的党性党风教育的意见》，认真开展了"三讲"教育活动。贵州首创的"三讲回头看"活动得到中央肯定，在全国推广。2000年在全省开展了"西部大开发，贵州怎么干"大讨论活动。2005年初至2006年上半年，在全省分三批开展了保持共产党员先进性教育活动，效果良好。2006年10月11日，中共十六届六中全会通过了《中共中央关于构建社会主义和谐社会若干重大问题的决定》，省委要求认真学习贯彻，努力构建和谐贵州。2008年下半年至2009年，在全省分三批开展了深入学习实践科学发展观活动。2012年，把保持党的先进性、纯洁性作为全省党建的主题，全面加强和改善党的建设。从2013年下半年开始，于2014年10月结束，用一年左右时间，以"为民、务实、清廉"为主题，按照"照镜子、正衣冠、洗洗澡、治治病"的总要求，在全省自上而下分批开展党的群众路线教育实践活动。2015年，在县处级以上领导干部中开展了以"严以修身、严以用权、严以律己；谋事要实、创业要实、做人要实"为主题的"三严三实"专题教育。2016年在全体党员中开展了"学党章党规、学系列讲话，做合格党员"学习教育。2019年6月开始，分两批开展了"不忘初心、牢记使命"主题教育。

土话土语把党中央精神说到农民心坎上——贵州"新时代农民讲习所"的新实践

贵州省坚持以习近平新时代中国特色社会主义思想武装头脑、指导实践、推动工作，形成了"不怕困难、艰苦奋斗、攻坚克难、永不退缩"的贵州精神和"团结奋进、拼搏创新、苦干实干、后发赶超"的新时代贵州精神。全省各地扎实推进的学习型党组织、学习型领导班子建设，形成了覆盖全省所有市（州）、县（市、区）的中国特色社会主义理论体系和习近平新时代中国特色社会主义思想的学习、宣传、教育的网络平台，构成了新时代贵州构筑精神高地的新载体、新平台。

三、组织建设

中共贵州省委建立后，不断加强党的组织建设，使党的组织不断发展壮大。至1956年，各级党的组织共有9454个，96%的乡（镇）建立了支部，党员总数从1950年的8012名增至189 626名，干部总数达116 580人。1957年以后，党员队伍和干部队伍均有较大发展。1965年末，全省有党员336 060名，干部175 054人。"文化大革命"初期，中共贵州各级地方组织相继被"造反派"夺权，党的组织一度陷入瘫痪状态。1971年以后，党的各级组织陆续恢复活动。中共十一届三中全会以后，省委认真贯彻中共十一届三中全会以来的路线、方针、政策，坚持以邓小平理论、"三个代表"重要思想、科学发展观和习近平新时代中国特色社会主义思想为指导，加大了中共贵州省各级地方组织建设的力度。截至2018年12月31日，全省有中国共产党党员173.8万名。党的各级地方委员会共98个，其中，省级党委1个，市（州）党委9个，县（市、区）党委88个。共有基层党委4892个，党总支6313个，党支部82 944个。全省214个城市街道、1158个乡镇、13 497个建制村均建立党组织。4018个社区（居委会）中，4013个已建立党组织，占社区（居委会）总数的99.9%。

（一）实事求是，平反冤假错案

党的十一届三中全会后，组织人事战线上拨乱反正，彻底否定"文化大革命"，肃清"左"的思想影响，全面落实政策。坚持实事求是、有错必纠的原则，对"文化大革命"以及之前历次政治运动中的冤假错案进行了认真的复查和纠正。自1979年初开始，全省对"文化大革命""四清""反右倾""反右派"4个时期的干部案件进行复查，其中，"文化大革命"案件35 298件，"四清"案件4865件，"反右倾"案件4108件，"反右派"案件14 537件。到1984年底，复查工作基本完成。经过复查，88%的案件按照政策规定做了全部或部分改正；对中华人民共和国成立以来其他时期处理的案件共复查 20 648 件，82% 的案件依据有关政策做了全部或部分改正。通过平反冤假错案，全面落实政策，充分调动各方面的积极性，较快地在党内形成了安定团结的政治局面。

（二）开展整党，纯洁党的组织

从 1984 年 1 月开始到 1987 年 7 月，根据《中共中央关于整党的决定》，分两期四批在全省开展整党，对党员重新登记。参加整党的党员 84.76 万人，占应参加整党人数的99.9%。在这次整党中，受到党内处理的党员 14 954 人，其中开除党籍和不予登记的 7421 人，缓期登记和留党察看的 7374 人，撤销党内职务的 159 人，处理面为 0.95%。在此基础上，实行民主评议党员，开展党员和党的基本理论学习，加强党组织的建设，提高了党员队伍和干部队伍的素质。

（三）坚持党管干部的原则，树立正确的选人用人导向

从严从实把好选人用人观，把好动议提名关、考察考核关、程序步骤关，真正把好干部选出来、用出来、管出来、带出来、育出来。匡正选人用人不正之风，严厉整治跑官要官、说情打招呼、违规破格提拔等选人用人上的不正之风，真正把脚踏实地、务实肯干、担当负责的好干部识别考察出来，提拔重用起来。首先从选任程序上下功夫，突出"规范"二字，细化明确了干部选任动议提名、推荐、考察等环节的操作办法，进一步规范干部议题提出、汇报和酝酿程序，详细记录干部选任全过程。在干部选拔任用过程中，坚持程序一步不缺，履行程序一步不错，使程序成为不正之风不可逾越的屏障。针对干部考察，强调"德"和"廉"，从严从实察德辨才。制定《贵州省领导干部德的考核考察评价办法》，开展民意调查和反向测评，在全省全面推行拟提拔人选廉政报告制度，对领导干部个人有关事项报告实行"凡提必核""凡备必核"。各级党委围绕初始提名的主体、形式、程序以及初始提名的责任等进行积极探索，同时还全面推行干部任用投票表决制和任前公示、任职试用期制度。大力培养选拔优秀年轻干部，做好培养选拔妇女干部、少数民族干部、党外干部的工作，大力选拔具有基层工作经历的优秀干部充实各级党政领导机关。加强了对干部选任工作的全程监督，按照"十不准""十严禁"纪律，提出对违反组织人事纪律的行为严厉查处、严肃追责，进一步明确了干部选拔任用不可逾越的"底线"。

（四）深化干部人事制度改革

2010 年 8 月，省委下发《关于贯彻＜2010－2020 年深化干部人事制度改革规划纲要＞

的实施意见》，全面贯彻落实中央《规划纲要》精神，围绕健全完善党政干部选拔任用、考核评价、管理、监督四个机制，提出了16项重点突破项目并细化了实施步骤、量化指标和时间安排，对今后10年贵州省深化干部人事制度改革作出一系列安排部署。严格执行公务员考录遴选"两个80%"政策和公务员考录"三放宽一规范"改革举措，做好全省县以下机关公务员职务与职级并行制度的贯彻落实。启动建立民办学校、民营医疗机构开展专项职称评审机制，全面落实在县一级设立正高专业技术岗位职称评聘政策。推进国内知名人力资源服务机构领办省级人才市场改革。按照《事业单位人事管理条例》相关规定和全省统一安排，进一步推进聘用合同制度、岗位管理制度和公开招聘制度，加强和规范人事管理，深化事业单位人事制度改革。深化国有企业内部管理人员能上能下、员工能进能出、收入能增能减的制度改革，建立职业经理人制度，建立长效激励约束机制。

（五）加强党的基层组织建设

省委大力加强党的基层组织建设，把建设发展型服务型党组织的任务，落实到选干部、配班子，建队伍、聚人才，抓基层、打基础的具体工作中，基层党组织创造力战斗力凝聚力有效增强，联系服务群众"最后一公里"不断畅通。针对基层基础薄弱问题，以发展型服务型党组织建设为抓手，扎实推进全省1420个软弱涣散村、社区党组织的整顿，"领头雁"工程深入实施；"四议两公开"等民主管理扎实推进；按照"一村一同步小康工作组，一户一脱贫致富责任人"的要求，率先在全国实现对全省贫困村、贫困户驻村帮扶的"两个全覆盖"。每年选派5.6万余人，1.1万余个驻村工作组，赴全省11 590个村（含9000个贫困村）开展驻村帮扶工作。各级基层党组织认真落实主体责任，把从严治党的责任放在心上、抓在手上、扛在肩上，把党建工作和中心工作一起谋划、一起部署、一起考核，每条战线、每个领域、每个环节的党建工作抓得更细更深入。通过坚持改革创新，以提升组织力为重点，从思想教育、领域党建、支部建设、党员管理、基础保障全面提升基层党建质量。全省8万余个基层党组织如同一个个坚强堡垒，显示出强大的创造力、凝聚力和战斗力，推动各领域基层党组织全面进步，全面过硬。

四、作风建设

党的作风建设的核心是保持党同人民群众的血肉联系，是营造良好政治生态的重要抓手，是实现政治清明的政治保证。党的十八大后，省委团结带领各级党组织认真学习习近平新时代中国特色社会主义思想，加强新形势下党的作风建设、全面落实党要管党、从严治党的重大战略思想，强化领导干部联系和服务群众制度建设，建立健全反对形式主义、官僚主义、享乐主义和奢靡之风的体制机制，"四风"突出问题得到有力整治，党员干部作风明显转变。针对文山会海、调研走马观花等形式主义问题，狠抓精文减会、蹲点调研。针对态度冷硬、推诿扯皮、效率低下等官僚主义问题，深入推进机关"效能革命"，着力解决干部意识慢、工作节奏慢、部门协调慢、职能转变慢等问题。严格执行服务承诺、限时办结、首问责任等制度，建立健全效能督查问责制。建立政务服务中心、公共资源交易中心、电子政务服务网络平台，分别取消和下放行政审批事项。针对贪图享受、讲究排场等享乐主义问题，清退公车，清理办公用房。针对铺张浪费等奢靡之风问题，压缩"三公"经费。通过坚持不懈开展作风建设，使强化作风建设的"螺丝帽"越拧越紧，使整治"四风"问题的"组合拳"越打越密，不断巩固作风建设新常态，书写了风清气正的新篇章，激发了全省推动后发赶超的强大力量。

省委带头履行主体责任，按照中央关于党风廉政建设和反腐败斗争的决策部署，坚定不移反腐败，驰而不息抓作风，锲而不舍落实中央八项规定精神，严格执行省委十项规定，拿出动真碰硬的勇气，发现一起就查处一起，防止有禁不止的"破窗效应"。牢固树立作风建设永远在路上的思想，发扬钉钉子精神，从一件一件小事抓起，一个节点一个节点坚守，在"常和长、严和实、深和细"上下功夫。关注"四风"新动向新表现，抓早抓小、防微杜渐，防止解决了的问题出现反弹，防止纠正了的歪风出现变种，回潮复燃。坚持以夺取反腐败斗争压倒性胜利和持续巩固风清气正的良好政治生态。聚集党的十八大以来不收敛、不收手的领导干部，重点查处政治问题和经济问题相互交织形成利益集团的腐败案件，着力解决选人用人、审批监管、资源开发、金融信贷等重点领域和关键环节的腐败问题。深化运用监督执纪"四种形态"，严厉整治发生在群众身边的腐败问题，用好民生监督这一抓手，扎实开展扶贫领域腐败和作风问题专项治理，坚持以奋发有为的责任担当呵护风清气正的良好政治生态。发挥党委（党组）的领导核心作用、纪委的专项监督作用、领导干部的模范带头作用、党员干部的先锋模范作用，形成良性传导的"政治生态链"。各级党委（党组）切实担当和落实好全面从严治党主体责任，咬住"责任"二字，抓住"问责"这个要害，抓住"关键少数"、管住"绝大多数"。各级纪委聚焦主责主业，发挥巡视利剑作用，加强监督检查，敢于曝光典型问题，促进履责到位，切实当好政治生态的"护林员"。通过牢固树立责任共同体意识，结合实际精准定位，进一步强化了各级各部门和党员领导干部的角色意识、主体意识、责任意识，努力形成知责、履责、尽责的思想自觉和行动自觉。扩大宣传声势，抓住"关键少数"，强化党风廉政警示教育，建好"制度铁笼""数据铁笼"，营造守纪律讲规矩氛围。全省党风廉政建设和反腐败斗争不断深入，政治生态持续向好，人民群众满意度不断提高。

2018 年，贵州全省各级纪检监察机关共受理信访举报 45 704 件次，处置问题线索 46 017 件。全年共立案 18 925 件。给予党纪政务处分 18 452 人，其中，省管干部 66 人。一年来，共查处发生在群众身边腐败和作风问题 12 260 件，党纪政务处分 11 899 人，移送司法机关 214 人。全省各级纪检监察机关全力以赴做好党风廉政建设和反腐败斗争各项工作，持之以恒。反"四风"、正党风、反腐败、倡清廉，党风廉政建设和反腐败斗争取得明显成效，为全省经济社会发展营造了良好环境。

第二节　贵州政治制度建设

一、贵州地方人民代表大会制度建设

 人民代表大会制度

> 人民代表大会制度是中国的根本政治制度，是中国人民当家做主的根本途径和最高实现形式，是中国特色社会主义政治制度的主要内容，是全国人民管理国家的基本组织形式。中华人民共和国宪法第九十六条规定："地方各级人民代表大会是地方国家权力机关。"

贵州省人民代表大会是贵州省的地方权力机关。1953 年 4 月开始，全省以普选的形式开展了基层选举工作，选举产生了基层人民代表，并相继召开了乡、县、市人民代表大会，选举产生了地方各级机关，选举出席贵州省第一届人民代表大会代表。1954 年 7 月 22 日至 30 日，贵州省第一届人民代表大会第一次会议在贵阳召开。1955 年 2 月，贵州省第一届人民代表大会第二次会议在贵阳召开，选举产生了第一届贵州省人民委员会。贵州省人民委员会既是贵州省级行政机关（省政府），又是省人民代表大会的常设机构。贵州省第一届人民代表大会的召开，标志着人民代表大会制度在贵州的正式建立。

1954—2018 年，共换届 13 次。1980 年 1 月，根据全国人大有关规定，选举产生了省人大常务委员会。此后，州、市、县的人大常委会相继成立，县以上各级地方人民政府不再是同级人民代表大会的常设机关。

坚持和完善人民代表大会制度，保证和支持各级人大及其常委会依法行使职能，加强地方立法和依法监督工作，广泛组织和支持人民群众依法行使管理国家和社会事务的权力，使贵州各族人民当家做主的权利得到了保证。

（一）地方立法工作

省人大常委会切实履行宪法和法律赋予的职责，为全面推进依法治省、加快建设法治贵州行使立法权，坚持依法立法、科学立法、民主立法和规划先行，注重提高立法质量，制定的地方性法规和政府规章充分体现了贵州特色，更加符合人民群众的共同愿望和要求。自1980年省人大常委会建立以来，全省地方立法取得了显著的成绩，省人大及其常委会制定、批准了一大批地方性法规。这些法规的内容涉及经济、政治、文化、教育、科技等各个方面，坚持了问题导向、抓好重点领域立法，更加突出服务改革发展，更加突出服务生态建设，更加突出服务民生改善，更加突出服务社会稳定，逐步形成了具有贵州特色的地方规范体系。全省各级立法机关充分发挥党委的领导作用、人民群众的主体作用、人大的主导作用、政府的重要基础和支撑作用、专家学者的智囊作用，建立和完善了党委领导、人大主导、政府配合、各方协同、公众参与的立法工作格局。根据贵州经济社会发展需要和人民群众的立法愿望，审议通过的地方性法规主要涉及市场主体、市场交易、市场监管、社会管理、科技进步、知识产权保护和资源环境保护、改善民生、可持续发展以及民主政治建设等各个方面的内容，为实现后发赶超、与全国同步全面建成小康社会作出了贡献。有立法权的贵阳市、自治地方也制定了一批法规，且贵州省制定的生态文明建设促进条件、职业教育条例等，都走在了全国地方立法的前列。

（二）人大监督工作

省人大及其常委会行使监督权，主要通过审查省政府、省高级人民法院和省人民检察院（简称"一府两院"）制度的规章、行政措施和做出的决定、命令等文件，听取和审议"一府两院"的工作报告，组织开展执法监督，定期组织省人大常委会组成人员、省人大代表进行视察，根据工作需要进行一般性调查，在代表大会或常委会期间向有关行政机关提出询问或质询，受理人民群众对行政机关及其工作人员的申诉和意见等。省人大常委会会议根据地方组织法的规定，每两个月至少举行一次会议，听取省政府、省高级人民法院和省人民检察院的工作汇报和报告，这些汇报和报告的内容，都是有关本行政区域的政治、经济、教育、科学、文化、卫生、民政、民族工作的重大事项。省人大常委会主动适应新形势和新要求，紧扣发展和生态两条底线，着力推动中央和省委重大决策部署落到实处，不断加强和创新监督工作，先后组织开展执法检查、立法调研，听取和审议专项工作报告，对有关厅局开展工作评议，积极回应社会关切，努力营造人大与"一府两院"各自发挥职能作用、共同团结奋进的工作局面。监督的内容主要是为经济稳健运行"问诊把脉"，围绕生态环境保护，助力"扶贫攻坚"。除了在经济、环保、民生工作上加强监督，近年来还着力强化了对"两院"公正司法的监督，织牢"安全网"匡正权力运行；强化对涉法涉诉案件办理工作的监督，切实保护人民群众合法权益。省人大常委会通过依法开展监督工作，把监督寓于支持之中，推进了"一府两院"加强和改进工作，让改革发展成果惠及了人民群众。

（三）人大代表作用的发挥和重大事项决定及重要人事任免工作

贵州省人大代表来自不同的战线，他们具有代表性、广泛性和先进性，在经济建设中发挥带头作用，在民主政治建设中发挥骨干作用，在维护群众利益中发挥纽带作用，在维护社会稳定中发挥向心作用。全省各级人大代表在大会期间对政府工作报告、立法及各项议案的审议，向代表大会提交议案、建议，闭会期间在执法监督、经济建设的检查、有关工作的视察等方面发挥积极作用。

依法行使重大事项决定权。省人大常委会紧扣全省工作重点，抓住事关国计民生和社会发展全局的重大事项以及宏观经济运行中的突出问题，对经济社会发展中的重大事项行使决策权，依法做出决定、决议。为贯彻依法治国基本方针，推动依法治省工作的开展，提高广大干部群众的法律意识，增强法制观念，深入开展了法制宣传教育。为进一步行使好重大事项决定权，省人大常委会组织力量，对重大事项的界定及行使重大事项决定权的有效形式进行了调查研究。

依法行使人事任免权。省人大常委会坚持党管干部和人大依法任免相结合以及干部队伍"四化"方针与德才兼备的原则，依法行使人事任免权。第一届至第十三届贵州省人民代表大会依法选举并按有关程序任免了贵州省省长、副省长、省高级人民法院院长、省人民检察院检察长及各厅、局的大批领导干部，对辞去职务的干部做出有关决定。

（四）地方政权建设

1949 年 12 月 26 日，贵州省人民政府成立，杨勇任主席，曾固任副主席。这是贵州历史上第一个由各族人民当家做主的政府。省人民政府下设民政、财政、教育、建设、工商、公安等办公室。与此同时，还先后在各地、县开展了接管和建政工作。1950年7月，经中央人民政府批准，由各民主党派、人民团体及各族代表和爱国民主人士35人组成了贵州省人民政府委员会。1955年2月，贵州省第一届人民代表大会第二次会议在贵阳举行，选举产生了贵州省人民委员会。贵州省人民委员会既是贵州省一级国家行政机关（省政府），又是省人民代表大会的常设机构。随后，各州、市和各县、自治县、市也相应改人民政府为人民委员会。贵州省人民委员会除了行使地方行政职能和本级人民代表大会常设机关的职能外，主要是对国民经济，特别是对国有经济进行全面管理。

1958年全省实现人民公社化以后，乡、镇人民委员会改称人民公社管理委员会，实行政社合一的体制。

"文化大革命"开始以后，贵州各级人民委员会遭到严重冲击和破坏。1967年1月，"造反派"夺取了贵州省人民委员会的政权，成立了贵州省革命委员会。随后，夺权在全省自上而下全面展开。到1968年4月，全省所有的地、州、市及所属各县、市、区、特区都相继被夺权，成立了革命委员会。

1980年1月，贵州省第五届人民代表大会第二次会议，将贵州省革命委员会改为贵州省人民政府，选举产生了正、副省长。随后，各州、市、县（市、市辖区、特区）也相应地将革命委员会改为人民政府。此后，地方各级人民政府不再行使本级人民代表大会常设机构的职能，但对国民经济，特别是对国有经济的管理仍然是各级人民政府的重要任务。

1983—1999年期间，人民政府的职能随着经济体制改革的不断深化而相应改变。1985年以后，各级人民政府不断简政放权，以增强企业活力，并认真贯彻《中华人民共和国全民所有制工业企业法》和《全民所有制工业企业转换经营机制条例》，将政府与企业的关系逐步纳入法制轨道。

1983—1984年，按照中共中央和国务院《关于实行政社分开建立乡政府的通知》，全省重新建立乡、镇人民政府，实行政社分开。1994年，全省开展撤区并乡建镇工作，取消区一级的派出机构，加强乡、镇基层政权。

贵州省政府机构改革是与经济体制改革密切结合进行的。其中，1982—2009年，先后集中进行了6次较大规模的机构改革。1982年机构改革，适应工作中心向经济建设转移的需要，着力改变机构臃肿、层次繁多、人浮于事等状况，明确行政、事业、企业的界限，精干领导班子和干部队伍。1988年机构改革，首次提出转变职能这个关系，裁减专业管理部门和综合部门内设专业机构，减少专业部门对企业的干预，提高政府宏观调控能力。1993

年机构改革，适应市场经济要求，进一步改革计划、投资、财政、金融管理体制，撤并了一些专业经济部门和职能交叉的机构，将一部分专业经济部门转化为经济式服务实体，将综合经济部门的工作重点转到宏观调控上来。1998年的机构改革，是改革开放以来力度最大的一次改革，在转变职能方面迈出了更大的步伐，实行政府机关与所办经济实体以及直接管理企业的脱钩，同时大幅度裁并组成部门，精简人员编制。2003年机构改革，着重对国有资产管理、宏观调控、金融监管、流通管理、食品安全监管、人口与计划生育等方面的体制进行了调整。

2009年贵州省政府机构改革从促进经济社会又好又快发展出发，在一些关键领域迈出重要步伐。主要突出加强和改善宏观调控，促进科学发展；着眼于保障和改善民生，加强社会管理和公共服务；积极探索职能有机统一的大部门体制。2010年后以建设法治政府和人民满意的服务型政府为目标，加快转变政府职能，进一步深化行政审批制度改革，全面推进依法行政，大力推进政务公开，切实转变政府作风。2012年提出要着眼于提高政府工作效能，切实提高政府公信力和执行力，精简和完善政府机构设置，坚持依法行政，改进政府工作方法。2014年后，以简政放权为突破口，以减少审批事项为"当头炮"，扎实做好"控、调、改"的文章，有力有序推进全省政府职能转变和机构改革工作，2018年贵州省政府机构改革，设置政府机构43个，其中，省政府办公厅和组成部门24个，直属特设机构1个，直属机构13个，部门管理机构5个。

二、中国共产党领导的多党合作的贵州政治协商制度建设

 政治协商制度

政治协商制度（政协制度），是指在中国共产党领导下，各政党、各人民团体、各少数民族和社会各界的代表，以中国人民政治协商会议为组织形式，经常就国家的大政方针进行民主协商的一种制度。中国共产党领导的多党合作和政治协商制度是我国的一项基本政治制度。在全面建设小康社会、加快推进社会主义现代化的新的发展阶段，推进社会主义政治文明建设，坚定不移地走中国特色社会主义政治发展道路，就是要把这一基本政治制度坚持好、完善好、落实好。

省委高度重视巩固和发展爱国统一战线，认真坚持"长期共存、互相监督、肝胆相照、荣辱与共"的方针，加强同各民主党派、工商联和党外人士团结合作，充分体现和发挥我国社会主义政党制度的特点和优势。省政协认真履行政治协商、民主监督、参政议政主要职能，围绕团结和民主两大主题，把加强团结和发扬民主贯穿于政协工作的各个方面，积极为贵州经济社会发展的历史性跨越建言献策，提出了具有前瞻性、宏观性、科学性和可操作性的意见建议；坚持发扬社会主义民主，充分发挥人民政协在构建社会主义和谐社会中的作用；切实维护人民群众根本利益；协调党委、政府关系，化解矛盾，理顺情绪，推进政治协商、民主监督、参政议政的制度化、规范化和程序化。

（一）民主党派和工商联贵州省地方组织的建设与发展

2018年，全省共有民主党派和工商联贵州地方组织8个。

1. 中国国民党革命委员会贵州省委员会（简称民革贵州省委）

民革贵州省分部筹委会于1951年10月成立，1954年改称民革贵州省筹委会。1955—1966年共召开4次代表大会。"文化大革命"期间停止工作，1982年恢复工作。1982—2017年共召开8次代表大会。截止2017年12月底，全省有地级市州委（工委）7个，县级委员会和工委2个，基层组织108个。

2. 中国民主同盟贵州省委员会（简称民盟贵州省委）

1946年，秘密地方民盟贵州省支部筹备委员会成立。1954—1966年，先后召开3次盟员代表大会，选举产生民盟贵州省第一至第三届委员会。"文化大革命"期间停止工作。1980—2017年前后召开17次盟员代表大会，选举产生民盟贵州省第四至第十二届委员会。截至2017年，全省民盟成员总数为5561人，其中，从事文化教育及科学技术工作的高中级知识分子占86.81%。

3. 中国民主建国会贵州省委员会（简称民建贵州省委）

1952年，贵阳工商界的一批进步人士参加了民建。同年12月建立了民建贵阳市分会筹备委员会，1955年9月改为民建贵阳市筹备委员会。1956年4月、1959年7月先后召开民建贵阳市第一、二次会员代表大会，选举产生了第一、二届委员会。民建贵阳市委受民建中央委托，代管省的会务。"文化大革命"期间曾停止工作。1979年8月，民建贵州省工作委员会建立。1980—2017年先后召开9次会员代表大会，选举产生了民建贵州省第一至第九届委员会。截至2016年，全省民建共有6个市（州）委员会、2个市级工委、1个州支部、

6 个总支、131 个支部，成员 3863 人，其中经济界人士 3110 人，占 80.5 %。

4. 中国民主促进会贵州省委员会（简称民进贵州省委）

从 1958 年起，贵州省逐渐有了从北京等地陆续调来工作的民进会员，以后逐渐增加。1962 年 3 月组成了中国民主促进会贵阳直属支部。"文化大革命"期间停止活动。中共十一届三中全会后，民进支部恢复活动，开始在贵阳地区发展新成员。1983 年 7 月，中国民主促进会贵阳直属支部改组为中国民主促进会中央直属贵州省支部。1985 年 1 月，建立了民进贵州省筹委会。1988 年 9 月，召开民进贵州省第二次代表大会，成立民进贵州省委，并设立常委会。截至 2017 年，已召开 7 次代表大会。截至 2017 年，贵州民进会员总数为 4122 人，有 6 个市、州级委员会（工委），3 个县级委员会（工委），124 个基层支部。会员中高学历博士和博导已发展到 74 人，副高以上职称 967 人。

5. 中国农工民主党贵州省委员会（简称农工党贵州省委）

1957 年 2 月，中国农工民主党中央直属贵阳支部成立。"文化大革命"期间停止工作。1983 年 1 月，中国农工民主党贵州省筹备委员会成立。1984—2017 年，中国农工民主党贵州省第一至第八次代表大会，选举产生了第一至第八届委员会。农工党员以医药卫生界高中级知识分子为主，截至 2017 年，全省共建有市级委员会 5 个，市级工作委员会 2 个，基层组织 116 个，其中县级组织 19 个。

6. 中国致公党贵州省委员会（简称致公党贵州省委）

1994 年 3 月，致公党中央直属贵州省支部委员会在贵阳成立。1999 年 1 月，致公党贵州省第一次代表大会在贵阳召开，成立了致公党贵州省委员会。至 2017 年，已召开了五次全省代表大会。截至 2017 年 6 月，全省致公党员中中上层人士占 87.99%，具有侨海关系人士占 71.96%，中高级职称占 64.32%。

7. 九三学社贵州省委员会

1956 年初，九三学社中央直属贵阳小组正式成立。1957 年 1 月，九三学社贵阳分社筹委会成立。1959 年 12 月，九三学社贵阳分社委员会成立。贵阳分社先后召开过 3 次代表大会。"文化大革命"期间停止工作。1983 年，经社中央决定，贵阳分社改建为九三学社贵州省委员会（改建初期曾一度称为九三学社贵州省工作委员会）。1984—2017 年，先后召开了 8 次社员代表大会。2017 年底，全省社员总数为 4200 余人。全省建立有贵阳、遵义、六盘水、安顺、毕节、铜仁、黔西南和黔南 8 个市、州级组织。

8. 贵州省工商业联合会（简称省工商联）

省工商联是省委、省政府联系非公有制经济人士的桥梁和纽带，省政府管理非公有制经济的助手。省工商联筹备委员会于 1952 年 9 月成立，1955 年 5 月召开第一届会员代表大会。1953 年上半年，全省有 81 个市、县建立了工商联组织。"文化大革命"期间停止工作，1979 年恢复工作。1992 年，地县都已恢复和建立工商联组织。1994 年 4 月，贵州省商会成立。之后，各市（州、地）、县工商联先后加挂了同级商会的牌子。至 2016 年，已召开 12 次会员代表大会。2017 年底，全省工商联会员总数达 23.4 万余家。

（二）政协贵州省地方组织的建设与发展

中国人民政治协商会议贵州省委员会，是中国人民政治协商会议在贵州的地方组织（以下简称省政协）。中国人民政治协商会议贵州省委员会是在贵州省第一届各族各界人民代表会议协商委员会的基础上，于 1955 年 2 月建立的。在中共贵州省委领导下，贵州省第一届各族各界人民代表会议于 1951 年 7 月 9 日至 16 日在贵阳举行。1951 年 10 月，根据中国人民政治协商会议全国委员会通知，省协商委员会代行政协全国地方委员会职权。在本届协商委员会期间，对宣传贯彻党在过渡时期的总路线和各项政策，组织各界人士学习政治理论和时事政策，恢复和发展经济，加强政权建设等方面发挥了重要作用。1955 年 2 月，政协贵州省第一届委员会第一次全体会议在贵阳召开，会议选举产生了政协贵州省第一届委员会领导机构，省政协正式成立。政协贵州省第一、二、三届委员会每届任期均为 4 年。设区的市、自治州及县（自治县、市、市辖区、特区）先后成立了政协。"文化大革命"开始后，省政协遭到严重破坏，政协贵州省第三届委员会及各工作机构被迫停止一切活动。1976 年 10 月粉碎"四人帮"反革命集团以后，省政协恢复了活动。各市、州政协组织也相继恢复工作，并在一些市、县新建了政协组织。1977 年 11 月至 2018 年，贵州省政协委员会选举产生了四至九届委员会，每届任期 5 年。2018 年 1 月，召开了政协贵州省第十二届委员会第一次会议，选举产生了新一届省政协常务委员会。

中共十一届三中全会以来，进一步明确了政协的性质、地位、作用和任务，遵循"长期共存、互相监督、肝胆相照、荣辱与共"的方针和政协章程的规定，坚持以经济建设为中心，坚持改革开放，坚持四项基本原则，广泛团结和组织政协委员及各方面人士，在建设中国特色的社会主义轨道上，为发展全省安定团结的政治局面，促进两个文明建设和促进实现祖国统一等方面发挥了积极作用。开创了政协工作新局面。截至2018年12月，有市、州政协委员会9个，县（市、区、特区）委员会88个。

人民政协的职能作用得到充分发挥。政协贵州省委员会团结和动员各民主党派、无党派人士、人民团体、各族各界人士，通过提案、建议案、专题调研、委员视察等形式，为推动全省经济社会发展广建良言。认真开展协商议政，积极建言献策。紧紧围绕省委、省政府中心工作和重大决策部署，精心选择具有全局性、综合性和前瞻性的重大问题，认真开展视察调研。充分发挥提案在政协履行职能中的重要作用，参政议政、建言献策成果更加突出。

各级地方政协牢牢把握团结和民主两大主题，认真履行政治协商、民主监督、参政议政职能，充分发挥协调关系，汇聚力量，建言献策，服务大局的作用，在充分发扬民主中不断夯实团结奋斗的共同思想政治基础，努力寻求最大公约数，增进最大共识度，形成最大凝聚力，推动人民政协事业不断向前发展，为同步全面建成小康社会、推动贵州民主政治建设和经济社会发展历史性新跨越发挥了重大作用。

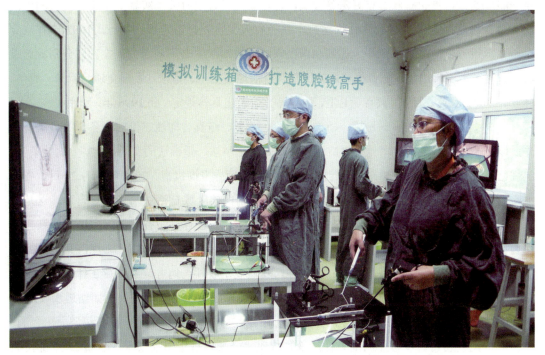

农工党中央、中国医药卫生事业发展基金会在北京平谷医院组织贵州籍医生开展微创手术培训

三、贵州民族区域自治制度建设

 民族区域自治制度

民族区域自治制度，是指在国家统一领导下，各少数民族聚居的地方实行区域自治，设立自治机关，行使自治权的制度。民族区域自治制度是我国的基本政治制度之一，是建设中国特色社会主义政治的重要内容。

制定民族区域自治条例，是民族自治地方自治权中立法权的具体体现，是为了能够更好地贯彻落实《民族区域自治法》，是进行一系列的法制配套工作的主要环节，是建立民族自治地方的主体民族更好地实行区域自治的需要，是巩固社会主义平等、团结、互助新型民族关系的重要措施，是促进民族自治地方政治、经济、文化快速、健康发展及各民族共同繁荣进步的重要措施。1984年5月31日，《中华人民共和国民族区域自治法》颁布实施。1986年10月15日，贵州省政府召开常务会议，讨论制定《省政府关于实施＜中华人民共和国民族区域自治法＞若干问题的暂行规定》，并经省人大常委会审定颁布执行。1992年省政府发布《贵州省贯彻落实＜中华人民共和国民族区域自治法＞若干问题的规定》，分别就尊重自治权利，培养、选拔、配备少数民族干部，自治地方招工、招干，发展交通、能源、通信、林业、矿业、农业、商业、教育、卫生、体育等方面做出具体规定。到1995年，黔南、黔东南、黔西南3个自治州和玉屏、松桃、镇宁、关岭、紫云、道真、印江、沿河、务川等自治县都先后制定了《自治条例》。一些自治地方还制定了选举法、婚姻法的变通规定等。这些条例、法规已经省人民代表大会常务委员会批准，在各自治地方贯彻执行。2005年9月23日，省人大常委会通过并颁布《贵州省实施＜中华人民共和国民族区域自治法＞若干规定》，这是民族区域自治法颁布20多年来制定的第一个配套法规，标志着贵州省贯彻落实民族区域自治法迈出了新的步伐。目前，全省仍有效的民族区域自治法配套法规共有71件，其中地方性法规1件，自治条例14件，单行条例51件，变通规定3件，地方政府规章2件。2015年3月27日经贵州省十二届人大常委会第十四次会议表决通过《贵州省促进民族团结进步条例》，于2015年5月1日起施行。这一富有贵州特色的立法项目，成为全国第一部省级层面出台的、专门规范民族团结进步事业的地方性法规。按照"一法两规定"的要求，省直28个部门和7个州（市、地）制定下发了贯彻实施"一法两规定"的长效机制。逐步建立了以宪法为主，以民族区域自治法为骨干，由地方性法规、自治条例、单行条例、变通规定、行政规章组成的民族法律法规框架，确保了少数民族当家做主。

近十年来，我省制定和出台了《省委、省政府关于进一步加强民族工作和加快少数民族和民族地区经济社会发展的意见》《省委、省政府关于建设民族团结进步繁荣发展示范区的意见》等十多份文件，编制实施了《贵州省少数民族事业"十二五"发展规划》《贵州省"十二五"民族事业发展十大推进计划》和《贵州省扶持人口较少民族专项规划》。在实行省民委委员制的基础上，省政府建立了民族工作联席会议制度，并先后召开七次民族工作联席会议安排部署民族工作。

2017年，贵州省政府印发了《贵州省"十三五"少数民族事业发展规划》（以下简称《规划》），《规划》提出了"十三五"时期我省民族事业发展的指导思想、基本原则、发展目标。《规划》提出，"十三五"时期，贵州民族地区要围绕与全国同步全面建成小康社会的目标，努力实现经济快速发展、社会协调进步、民族文化繁荣、生态优势凸显、民主法制健全、人民幸福安康。

第三节　法治贵州建设

一、法治贵州建设的指导思想和基本原则

法律是治国之重器，法治是国家治理体系和治理能力的重要依托。为进一步深化依法治省进程，全面推进法治贵州建设，根据宪法和有关法律法规，以及党的十九大的有关精神，结合贵州实际，提出法治贵州建设的总体思路和战略目标。

（一）法治贵州建设的指导思想

坚持以习近平新时代中国特色社会主义为指导，深入贯彻落实习近平总书记全面依法治国新理念新思想新战略，深入推进法治贵州建设，牢固树立社会主义法治理念，大力弘扬社会主义法治精神，通过完善立法、加强执法、深入普法、强化监督，进一步做到有法可依、有法必依、执法必严、违法必究，切实提高全社会法治化管理水平，实现法治建设与经济建设、政治建设、文化建设、社会建设、生态文明建设和党的建设同步发展，为贵

州科学发展、后发赶超、同步小康提供有力的法治保障和良好的法治环境。

（二）法治贵州建设的基本原则

一是坚持党的领导。在党的领导下发扬社会主义民主、建设社会主义法治，把党的领导贯穿法治贵州建设的全过程和各方面，坚持党的领导、人民当家作主和依法治国有机统一。

二是坚持法制统一。以宪法和法律为依据，维护社会主义法制的统一、尊严、权威。坚持法律面前人人平等，依法保证各类社会主体平等参与、平等发展的权利。依法规范公共权力，推进公共权力运行法治化、程序化和公开透明。

三是坚持以人为本。坚持一切权力属于人民，充分发挥人民群众在法治建设中的主体作用，尊重和保障人权，着力改善民生，真正做到执政为民、执法为民。

四是坚持围绕中心、服务大局。把法治建设贯穿于经济建设、政治建设、文化建设、社会建设以及生态文明建设和党的建设之中，紧紧围绕改革发展稳定大局，加快推进法治贵州建设进程，促进经济社会全面协调可持续发展。

五是坚持开拓创新、稳步实施。解放思想，勇于实践，努力从法治层面破除制约科学发展的体制机制障碍。遵循经济社会发展的客观规律，把握法治建设的长期性与渐进性，立足当前，着眼长远，有重点、有步骤、有秩序地推进法治贵州建设。

二、法治贵州建设的目标

建设"法治贵州"是一个渐进过程，是一项系统工程，一项长期任务。力争用五年至七年时间，推进依法治国基本方略深入落实，地方立法更加完备，公共权力运行更加规范，各类社会主体合法权益得到切实保障，公民法治意识和法律素质普遍提高，经济社会秩序良好，人民群众安居乐业。经过努力，力争2020年实现法治贵州建设的阶段性具体目标。

（一）公共权力运行更加规范

主要目标是：各级党委领导方式和执政方式有效改进，科学执政、民主执政、依法执政能力明显增强。法治政府基本建立，行政决策、行政执法体制机制健全完善。司法机关依法独立公正行使职权，司法公信力显著提高。监督问责机制健全并有效发挥作用，违法行为得到及时纠正和制裁，全社会各项事业在法治轨道上有序发展。

（二）各类社会主体合法权益得到切实保障

社会公平正义得到有效维护，公民政治参与依法有序扩大，民意表达渠道畅通，公民知情权、参与权、表达权和监督权得到有效落实。

（三）公民法律意识和法律素质普遍提高

社会主义法治理念深入人心，社会主义法治精神、法治价值得到普遍认同，法治文化繁荣发展，法治文明不断进步。国家工作人员特别是领导干部法律素养和法治观念进一步增强，全社会崇尚法治、尊法守法、维护宪法和法律权威的氛围进一步浓厚。

三、法治贵州建设与司法体制改革

中共贵州省委十一届四次全会通过了《关于贯彻落实＜中共中央关于全面深化改革若干重大问题的决定＞的实施意见》，对贵州省的司法改革工作提出了总体要求。十一届五次全会通过了《中共贵州省委关于贯彻落实＜中共中央关于全面推进依法治国若干重大问题的决定＞的意见》，提出要着力推进司法体制改革。2018年，省司法体制改革专题组认真贯彻落实党的十九大精神、省委十二届三次、四次全会精神，深入推进司法体制各项改革，取得明显成效，初步实现了办案质量、效率，司法能力、公信力，人民群众获得感、满意度，法官检察官职业尊荣感、责任感"四个双提升"，开创了司法体制改革新局面。

（一）推进司法责任制改革

省法院和省检察院在推进司法体制改革中，积极探索、大胆实践，制定了《贵州省人民检察院关于完善省院机关司法责任制明确检察官权限的暂行规定》等制度文件，明确办案责任，发挥领导干部带头示范作用。明确入额法官、检察官必须编入办案团队在一线办案，对领导干部办案数量、质量提出明确要求，按月持续通报，接受公众监督，形成带头办案的良好氛围。强化监督制约，形成新型综合监督管理机制。

 全国司法体制改革推进会在贵州召开

2017年7月10日，全国司法体制改革推进会在贵州贵阳召开，中央司法体制改革领导小组成员单位负责同志，各省区市和新疆生产建设兵团党委政法委书记、法院院长、检察院检察长、公安厅局长出席会议。贵州注重从战略高度谋划推进司法体制改革，注重聚焦司法体制改革重点精准发力，注重为司法体制改革提供有力保障，注重运用大数据助力司法体制改革，扎实推进以司法责任制为核心的改革试点工作，取得了阶段性成效，实现了办案质量和效率、司法能力和公信力、人民群众获得感和满意度、法官检察官尊荣感和责任感"四个双提升"。

（二）推进以审判为中心的刑事诉讼制度改革

贵州各级司法机关认真落实最高人民法院《关于推进以审判为中心的刑事诉讼制度改革的实施意见》，成立以审判为中心的刑事诉讼制度改革领导小组，全面贯彻证据裁判原则，积极推进庭审实质化。2016年4月，省高院与省检察院、省公安厅共同制定出台《刑事案件基本证据要求》，新增"诈骗、交通肇事、危险驾驶"等9类刑事案件证据标准指引，涵盖绝大部分常见刑事案件，实现常见刑事案件犯罪证据标准指引基本覆盖。并按规划逐年充实、完善，首次实现全省公检法适用统一的证据标准。引入大数据分析技术，把统一的证据标准镶嵌到数据化的程序之中，减少司法任意性，提高审判质效，促进司法公正。

（三）推进司法人力和现代科技深度融合运行模式改革

积极推动大数据应用到司法体制改革的各个环节，把司法体制改革和大数据应用作为"车之两轮""鸟之双翼"，谱写贵州司法体制改革的精彩篇章。建设"法院云"，推进繁简分流改革。依托大数据，建设检察"数据大脑"。省检察院推进"数据大脑"建设，积极发挥大数据服务司法办案、服务管理决策、服务人民群众的作用，强力推动检察工作创新发展。建设智能辅助系统，助推司法办案。省法院建立刑事、民事、行政审判智能辅助办案系统，借助现代科技及时发现量刑偏离度较高的案件，初步形成民商事案件裁判结果供法官参考，自动识别程序违法和核心证据缺失的行政案件，大力提升司法办案质量。

司法是实现社会正义的"最后一道防线"，在国家治理中的地位和作用至关重要。由于历史和客观的原因，进入新世纪以来，我国现有司法体制的弊病日益凸显。对此，党和国家做出深化司法体制改革的决定，贵州作为西部欠发达省份，在此轮司法体制改革工作中勇于担当，不甘落后，成为全国首批司法改革七个试点省份之一。试点工作以来，我省司法体制改革工作取得了阶段性成效，发出了贵州好声音，改出了贵州好经验，创造了一大批突破性的好经验；突出了主体地位，改出了职业尊荣，还权于法官，让法官更像法官，让检察官更像检察官；强化了办案责任，改出了司法公信，实现了办案质量、效率双提升，司法能力、公信力双提升；完善了配套措施，改出了便民利民，实现人民群众获得感、满意度双提升。

走出了一条方向正确、政策科学、符合规律、群众认可的具有贵州特色的司改之路。

微人物：时代楷模——杜富国

杜富国，贵州省遵义市湄潭县人，南部战区陆军云南扫雷大队中士。2018年10月11日下午，身为作业组长的杜富国，带领战士艾岩在爆炸物密布的雷场搜排时，发现一个疑似当量大、危险性高的手榴弹，且下方可能有雷窝。杜富国向分队长报告后，接到"查明有无诡计设置"的命令。之后，杜富国对艾岩喊："你退后，让我来"。接着，杜富国用双手扒开浮土查雷时，突然发生爆炸。在发生爆炸瞬间，他下意识倒向艾岩一侧，为战友遮挡了爆炸冲击波和弹片，自己被炸成血人，失去了双眼和双手。在他两三米外，战友艾岩仅受轻微皮外伤。2019年2月18日，获得"感动中国2018年度人物"荣誉。同年5月16日，荣获全国自强模范。5月22日，中央宣传部授予他"时代楷模"称号。

微故事：第一任贵州省委书记英勇就义

林青，原名李远方。1911年出生在贵州毕节。1935年初，党中央指示由林青、邓止戈、秦天真组成中共贵州省工作委员会，林青任书记兼遵义县委书记。同年的7月19日，林青和省工委委员刘茂隆不幸被捕，并被打入死牢。当时唯一可行的营救办法是，借押送上厕所时逃走。然而，按牢规，看守一次只能押送一个犯人上厕所。面对着这生与死的选择，林青对刘茂隆说："你的组织能力强。你走，你出去对党的事业有利。"在同情革命的看守的帮助下，刘茂隆顺利越狱。

1935年9月11日，疯狂的敌人决定对林青下毒手了。经过不知多少次严刑拷打的林青，由于伤势过重，已经无法行走了。敌人用一辆黄包车将他拉赴六广门刑场。一出警备司令部，林青就高呼"打倒国民党！""中国共产党万岁！"接着，又高唱《国际歌》。高昂激越的口号，雄壮庄严的歌声，响彻贵阳上空。敌人恐慌了，敌人害怕了，竟惨无人道地用短刀横卡在他的嘴里，妄图阻止他的宣传。钢铁铸就的林青，强忍着钻心的剧痛，仍然艰难地呼喊口号，利刃刺穿了他的两腮，殷红的鲜血不停地从林青的嘴里流了出来。林青悲壮牺牲了，他用青春的生命谱写了一位坚定的革命者短暂一生的革命乐章。

后　记

　　本教材系为贵州省普通高等学校学生学习"贵州省情"课程而编写的贵州省高校统编通用教材。《贵州省情教程》（第6版）的修订，是在中共贵州省委教育工作委员会（以下简称"省委教育工委"）、贵州省教育厅（以下简称"省教育厅"）直接领导下进行的，并委托贵州广播电视大学（贵州职业技术学院）牵头组织修订编写。

　　本次修订由省教育厅党组成员、省委教育工委副书记赵廷昌、杨著清担任编委会主任，贵州广播电视大学（贵州职业技术学院）党委书记王爱华、贵州广播电视大学（贵州职业技术学院）党委副书记郭万才、贵州师范大学马克思主义学院院长欧阳恩良、省教育厅社政处处长王晓红担任编委会副主任。王爱华（教授）担任主编，郭万才（副教授）、欧阳恩良（教授）担任副主编。本教材共分7章，各章编写分工如下：王爱华、姚楠（绪论）；张荣军、陈勇军（第一章）；张涤、郑传春（第二章）；侯天佑、王爱华、姚楠（第三章）；徐伟、姚楠（第四章）；曹安勇、郑传春（第五章）；张荣军、赵莹莹（第六章）；郭万才、黄丹（第七章）；王爱华、姚楠（后记）；王爱华、郭万才、欧阳恩良、王晓红、姚楠负责统稿；徐伟、姚楠、宋婷负责图片；郭万才、于立群、唐洁负责融媒体。

　　为帮助贵州大学生在掌握专业知识的同时，全面了解贵州，认识贵州省情的本质特征，把握贵州经济社会的发展规律，激发大学生热爱贵州、建设贵州和宣传贵州的热情，为贵州经济社会发展做出新的贡献，从2007年开始，省教育厅在全省高校统一开设了"贵州省情"课程，并明确为思想政治课进入教学计划。《贵州省情教程》成书12年来，坚持开放的编写原则，充分征求各厅、局的意见和建议，力求数据精准、材料翔实。在各厅、局的大力支持下，教材建设取得了显著成绩，每年发行12余万册，得到了全省高校师生的普遍欢迎，还成为我省基层干部了解省情的工具书，多次获得国家级、省级教学成果奖项，具有较大的影响和较好的声誉。随着我省经济社会的发展，《贵州省情教程》进行了5次修订，最近修订的第 5 版为 2016 年，距今已有 3 年。3 年来，我省经济社会发展取得了长足进步，省情概貌发生了较大的变化，现行教材内容已不能完全、准确地反映我省省情。为此，本书编委会在省教育厅的指导下对现行教材进行了修订。本次修订紧密结合党的十九大精神、习近平总书记在贵州省代表团的重要讲话精神和 2019 年全国全省两会精神、贵州省第十二次党代会和贵州省委十二届二次、三次、四次、五次全会精神，充分反映出我省改革开放 40 年以来，特别是 2017 年、2018 年贵州经济社会发展取得的重大成就以及贵州省委省政府做出的重大决策。

此外，为了落实 2019 年 3 月习近平总书记在思想政治理论课座谈会的重要讲话精神，本书编委会在认真做好纸质教材修订的基础上，还邀请教育专家、一线教师和数字媒介专家，从通识普及教学进行顶层设计，充分利用信息化多媒体技术，将传统的知识点开发集成为融情境式与交互式动画、情景与动画游戏、360 虚拟场馆、VR 交互场景和 AR 体验案例于一体的，海量的、可视化的、交互化的与趣味化的数字教学资源库，打造不受时空约束的一站式智慧教学服务平台，为学生提供丰富多彩的深度学习体验，极大调动了学生自主学习的积极性，有利于学生融会贯通地掌握相关知识，提高学习效率。

本次修订是在吸收了贵州省情方面的研究成果，结合普通高等学校思想政治理论课教材要求编写而成的，并邀请了来自高校一线的专任青年教师参加编写。贵州省委政策研究室主任徐天才、贵州省政府发展研究中心主任陈朝伦和贵州省政府发展研究中心冯文岗同志提出了许多宝贵的修改意见。省委教育工委、省教育厅的领导给予了我们全力的支持，贵州省委政策研究室、贵州省政府发展研究中心、贵州广播电视台、贵州画报期刊传媒集团、贵州大学、贵州师范大学、贵州财经大学、贵州民族大学、贵州医科大学、贵州广播电视大学（贵州职业技术学院）等单位对本书的编写给予了大力支持，在此一并表示衷心感谢。这次修订再版，进一步提高了教材的吸引力和感染力，使教材的内容、结构和体系更趋合理。但由于我们的水平所限，疏漏之处在所难免，敬请同仁批评指正，以便本教材不断完善。

编 者

2019 年 7 月于贵阳